MEIN HERZ SCHREIBT DIR VON LIEBE

MEIN HERZ SCHREIBT DIR VON LIEBE

Briefe von Frauen

Herausgegeben von Johannes Thiele

*Unendlich dankbar
für alle Liebesbriefe
der Frau meines Lebens*

LIEBESBEWEISE, IN TINTE GETAUCHT

»Morgen werde ich selbst Venus eifersüchtig machen.«

KÖNIGIN LUISE VON PREUSSEN

Einen Liebesbrief zu schreiben, ist eine der existentiellsten Äußerungen des Menschen – ihn zu schicken, bedeutet, ein Lebenszeichen zu geben, ihn zu empfangen, beruhigt: Man schreibt mir, also bin ich.

»Ich liebe Dich, ich denke an Dich, Du fehlst mir« – selbst im einundzwanzigsten Jahrhundert, wo Telefon, E-Mail, SMS und WhatsApp eigentlich an seine Stelle treten könnten, bleibt »der Kuss, der mit der Post geschickt wird«, wie es Victor Hugo ausdrückte, eines der Rituale der Liebe, nicht nur bei Schriftstellern. Franz Kafka jedoch war der Ansicht: »Geschriebene Küsse kommen nicht an.«

Vielleicht haben beide recht. Häufig beendet das Glück des Zusammenseins den Briefverkehr, und er setzt erst wieder mit einer Trennung ein. Ein Liebesbrief ist jedenfalls zumeist eine melancholische, ja traurige Sache: Nur Liebende, die getrennt sind, schreiben sich. Ihre Briefe geben daher oft die Angst, die Trauer über die Einsamkeit, den Schmerz über das Getrenntsein wieder. Welche Bedrängnis, nicht zu wissen, wie es dem anderen ergeht.

So kommt es, dass Liebesbriefe oft Klage oder Trauer ausdrücken und meist mit der Hoffnung auf ein Wiedersehen enden. Selbst wenn Pläne geschmiedet werden und man sich in Träumen verliert: Das Geschriebene entsteht aus der Abwesenheit, aus der Leere, welche die Liebenden empfinden und die sie mit lautlosen Worten füllen möchten. Die Korrespondenz gibt der Liebe Nahrung, zeigt die Sehnsucht und steigert die Hoffnung.

Um das schmerzhafte Alleinsein zu überwinden, wird an gemeinsame Erlebnisse erinnert, leben Begebenheiten wieder auf, die das Paar zusammengebracht haben: das Kennenlernen, die

Liebeserklärung, die ersten Hindernisse etc. All diese Ereignisse, die für andere unbedeutend sind, bilden ihren Schatz, das Geheimnis, das sie verbindet.

Für Roland Barthes wird im Liebesbrief »nach Art eines musikalischen Themas eine einzige Information variiert: Ich denke an dich«. Auch wenn es im Liebesbrief darum geht, das Intimste auszudrücken, das man empfindet, stellt er ein eigenes literarisches Genre dar, mit einem Narrativ, einer Geschichte, aber auch mit Regeln und Konventionen, die sich historisch ändern. Für Raymond Radiguet ist es die einfachste Form des Briefes, »denn er braucht nur die Liebe«. Doch den Liebenden fehlt oft das Selbstvertrauen, wenn sie sich ihrer starken Gefühle bewusstwerden und sie Angst haben, sich in ihren Phantasien zu verlieren.

Von Liebe zu sprechen, ist manchmal schwierig, über sie zu schreiben, ist es noch mehr, vor allem für Männer. Dabei hat jede Epoche ihren eigenen Stil, von den »Tränenströmen« und leidenschaftlichen »Treueschwüren« des achtzehnten Jahrhunderts bis zur meist direkten Form der Liebeserklärung unserer Zeit.

Liebe zu geben und zu empfangen, das wird durch den Austausch der Briefe symbolisiert, die gezeitenartig hin und her strömen. Er hat nicht einmal mit dem Tod ein Ende, manche Witwen schreiben weiter an den Geliebten, wie Marie Curie oder die achtzigjährige Japanerin, deren Mann vom Chinafeldzug nicht zurückgekehrt ist – in einer Sammlung der »schönsten Liebesbriefe«, die 1995 mit Erfolg in Japan veröffentlicht wurde, sind folgende anrührende Zeilen zu lesen:

»Es ist schon ein halbes Jahrhundert her, dass ich Sie zum letzten Mal mit meinem Blick begleitete, ich hatte unser Kind auf dem Rücken und winkte mit unserer Fahne. Ich möchte wieder in Ihren Armen einschlafen können. Lassen Sie nie mehr meine Hand los!«

Liest man in den längst vergriffenen Anthologien von Liebesbriefen, fällt zunächst das Ungleichgewicht zwischen Frauen und Männern ins Auge: Auf neunzig Prozent Briefe von – prominenten – Männern kommen zehn Prozent Briefe von Frauen. Und noch etwas fällt auf: Zweifellos sind es die Frauen, die in krisenhaften Situationen am heftigsten um das Bestehen ihrer Liebe kämpfen – oft sogar noch im wörtlich ausgesprochenen Verzicht auf den Geliebten. Ihn geben sie vielleicht frei. Nicht ihre Liebe.

Das Auswahlkriterium dieser Anthologie besteht in der Leidenschaftlichkeit. Auf Briefe, deren literarische Berühmtheit in keinem Verhältnis zu ihrer seelischen Leere und Eitelkeit steht, Briefe, die sich lesen, als wäre Liebe nichts weiter als ein kunstvolles Schema virtuoser Galanterie, dem man pflichtbewusst Ausdruck zu geben sucht, wurde verzichtet. Gesucht wurde vielmehr nach Kardiogrammen, nach echten Herztönen, nach Leidenschaften, die aufs Papier geworfen wurden, nach dem Rätselhaften, Betörenden und auch Verstörenden, das die Liebe ist, die in diesen Briefen ihren persönlichen, ja intimen Ausdruck sucht.

Liebesbriefe zu lesen, ist mehr als ein nostalgisches Vergnügen. Natürlich schreibt man im einundzwanzigsten Jahrhundert keine Briefe im Postkutschenstil mehr, wie man ja auch keine Renaissancepaläste, Rokokopavillons und Biedermeierlusthäuschen mehr baut. Man berichtet auch selten über Ereignisse, die ohnedies in allen Zeitungen zu lesen sind – woraus früher ein Hauptteil aller Briefe bestand. Langwierige Betrachtungen, weitschweifige Ergüsse, umständliche Bekenntnisse, überhaupt das Ringen um Gefühle – das alles gehört der Vergangenheit an.

Noch das galante Jahrhundert berauschte sich daran, seine Koketterie in Briefen ebenso wie in Tagebüchern und Memoiren spielen zu lassen. Es ist lange her, seit ein ganzes Zeitalter von englischen Briefromanen bestimmt war, man in vergeblichen Tugenden und rührenden Sentimentalitäten korrespondierte. Heute ist der Liebesbrief vom Aussterben bedroht, es ist allenfalls die SMS- oder WhatsApp-Nachricht, die man sich in Kürzeln zutippt, die E-Mail, die in den Universen digitaler Kommunikation laut- und formlos auf uns zu rauscht.

Und doch lebt bisweilen die Lust, Briefe mit der Hand zu schreiben, wieder auf. Denn der Liebesbrief als ein impressionistisches Kunstwerk ist in dieser Form noch immer unersetzbar – ein Lebenszeichen, ein Liebesbeweis, eine Skizze von Stimmungen, eine irritierende Folge von Beschwörungen, Beichten, Verzweiflungen, Betörungen, deren Abglanz auch uns heute noch anzusprechen, ja zu berühren vermag.

Für die Romantiker war die Geliebte »die Abbreviatur des Universums«. In den Briefen dieser Anthologie kommt dieses Universum unverkürzt, unzensiert, unverstellt zum Ausdruck. Sie sind daher weniger Spiegel tatsächlicher erotischer Erfahrungen als vielmehr weiblicher Gefühle, auch Täuschungen und Enttäuschungen. Jedes Mädchen glaubte vor Liebe zu verbrennen, keine Frau würde zugeben, ungeliebt geblieben zu sein. In vielen dieser Briefe spiegelt sich eine hochgestimmte Emotionalität, in der die Autorinnen ihre wahre Bestimmung erkannt haben – jenseits der trägen Herzensschlamperei und bisweilen tief lastenden Gleichgültigkeit, die die Männer ihnen zugemutet haben.

Die hier zusammengetragenen Briefe spiegeln echte Zuneigung, verzweifelte Hoffnung, dramatische Kommunikation. Wer kann einen Liebesbrief verstehen außer dem Menschen, an den er gerichtet war, wenn überhaupt einer? Fast meinen wir das vergilbte Papier in Händen zu halten, noch den schwachen Duft nach verwehtem Parfum einzuatmen, die verblasste blaue Tinte zu entziffern. Es ist eine unsagbar anrührende Beschäftigung, in Liebesbriefen, in diesem »Archiv des Herzens« zu lesen. Etwas vom Schönsten, was Lektüre überhaupt zu bieten hat.

JOHANNES THIELE

»Niemals glaubte ich, dass solch ein
äußerstes Glück in der Welt existieren könnte,
solch ein Gefühl der Einheit zwischen
zwei sterblichen Wesen. Ich liebe Dich, diese
drei Worte beinhalten mein Leben.«

ZARIN ALEXANDRA VON RUSSLAND

INHALT

Verlieben 19

Erkennen 35

Träumen 55

Sehnen 79

Begehren 119

Versprechen 133

Vermissen 165

Verlassen 205

Vertrauen 221

VERLIEBEN

ICH FÜHLTE EINE STÄRKE, DIE BERGE VERSETZT HÄTTE

Caroline Flachsland
an Johann Gottfried von Herder

Darmstadt gegen Ende April 1771

Ja, mein ewig Geliebtester, ich habe Deine letzte Bitte erfüllt, ich bin seit Samstag so gelassen und heiter, als ich die Tage nach unserm ersten Abschied, da wir uns kaum kannten und staunten, und ich eine Stärke da fühlte, die Berge versetzt hätte, gewesen bin; ich fühle sie jetzt wieder! und zehnmal lebhafter als jemals. Ach! der süße Gedanke, dass mir mein Herder mit seiner ganzen schönen Seele gut ist, dass er mich mit allen meinen Fehlern doch lieb haben kann, dass er mein Engel sein will, das erhöht mehr als alle Erdenglückseligkeit! [...] Ach! Wenn Du das fühltest, wie sehr meine ganze Seele, meine ganze Empfindung nur in Dir lebt, daß sie nimmermehr von Dir gehen kann, wenn Sie mir dies reine, lautre, göttliche Gefühl, das nur Seelen vereinigt, zutrauen, ach, mein Allerliebster, mein Einziger, dann küsse ich deine Knie. [...] Komm, edle, himmlische Seele, wir wollen unserm guten Gott danken, dass er uns zusammengeführt hat; er weiß es am besten, warum wir jetzt getrennt sind – und sollt' ichs nicht auch schon halb wissen? Ich weiß es, ich bin noch nicht das, was ich für Dich, für Deine Gesellschaft sein sollte; jetzt habe ich Zeit, Munterkeit, Jugend, um alles noch nachzuholen. Welches Bild ist geschickter, mich zu Dir hinaufzubilden, aufzumuntern aus dem Seelenschlaf, der lang genug geschlafen worden, als eben Dein liebenswürdigstes, holdes Bild, das – o Gott, ich kanns nicht sagen, wie ichs anbete und umarme! – Aber verhehle mir keinen Zug daraus, mein Allerliebster; auf der ganzen Welt habe ich keinen Freund, wie Sie, und darf ich mirs frei sagen? keinen andern, für den ich mich ausbilde. Ach! wäre ich hierin nicht ganz unglücklich! [...]

Leb wohl, ewig wohl, edle, himmlische Seele! ich bin bei Dir, wo Du auch sein magst, in Deinem

Reisewagen, den ich mit der bittersten Wehmut ansehen und hier bleiben musste. Gott im Himmel segne Dich! Sei nur ruhig meinetwegen! Ich bin so heiter und gelassen, als ichs in meinem Leben nicht gewesen. –

DEINE STRASSE IST AUCH MEINE

Caroline von Linsingen
an den Duke of Clarence

1795

Versprich mir nichts als diese eine Freude, dass ich immer sehe, dass unsere Liebe selbst in dieser Welt nicht verloren geht. Alles, was sie in Dir geweckt hat, das lass reifen. All die edleren Ziele, die sie Dir vorgab, all das Gute, das Du getan hast, das bleibt; nichts kann den Einfluss unserer Seelen durchkreuzen. Folge dem Weg, den wir betreten haben. Hier, nimm meine Hand: Deine Straße ist auch meine.

ABER EINE STARKE
SEELE HAB ICH

Clara Wieck
an Robert Schumann

(Zusatz von Robert Schumann:
Leipzig am 26ten September 1837
gelesen unter tausend Freuden)

Zweifeln Sie noch an mir? Ich verzeih' es Ihnen, bin ich doch ein schwaches Mädchen! Ja, schwach? Aber eine starke Seele hab ich – ein Herz, das fest und unveränderlich ist. Dies sei Ihnen genug, um jeden Zweifel zu unterdrücken.

Sprechen können wir uns nicht allein, so sehr ich diesen Wunsch in mir herumtrage. Bedenken Sie, wenn Vater das erführe, so wär alles wieder aus und ich – könnt ich das ertragen? […] Meine Angst ist oft sehr groß. Kann ich bauen auf Ihre Vorsicht? Und werden Sie fest genug sein, allen Wünschen des Vaters entgegen zu kommen? Er ist etwas hart, das ist wahr, aber ich glaube, wir beide werden es ihm einmal danken. Bis jetzt war ich immer sehr unglücklich, doch schreiben Sie mir ein Wort der Beruhigung unter diese Zeilen und ich werde (ruhig) sorglos in die weite Welt hinausgehen. Vater habe ich versprochen, heiter zu sein und noch einige Jahre der Kunst und der Welt zu leben. So manches werden Sie von mir hören, mancher Zweifel wird sich bei Ihnen regen, wenn Sie dies oder jenes erfahren, doch dann denken Sie – alles das tut sie ja für mich! Könnten Sie jemals wanken? Nun – so hätten Sie ein Herz gebrochen, das nur einmal liebte.

Clara

OH, WAS FÜR EIN WUNDER HAST DU VOLLBRACHT

Zarin Katharina II.
an Grigorij Potemkin

Petersburg, März 1774

Liebling,
ich glaube, Du hast Dir wirklich eingebildet, ich würde Dir heute nicht schreiben. Ich bin um fünf Uhr morgens aufgewacht, und jetzt ist es sieben Uhr. Ich werde Dir schreiben ... Ich habe meinem ganzen Körper bis zum kleinsten Härchen den feierlichen Befehl erteilt, Dir auch nicht durch das kleinste Zeichen zu verstehen zu geben, daß er Dich liebt. Ich habe meine Liebe unter zehnfachem Verschluß in meinem Herzen eingesperrt; sie erstickt dort, denn es ist nicht bequem, und ich habe das Gefühl, sie könne explodieren. Überleg Dir das einmal, Du vernünftiger Mann, kann man

so viel Torheit in wenigen Zeilen zum Ausdruck bringen? Ein wahrer Strom widersinniger Worte fließt aus meinem Kopf. Ich verstehe nicht, wie Du eine Frau mit so zusammenhanglosen Gedanken ertragen kannst. Oh, Herr Potemkin, was für ein Wunder hast Du vollbracht, indem Du jemandem den Kopf so sehr verdrehtest, einen Kopf, der bisher in der Welt als einer der besten Europas berühmt war. Welch eine Schande! Welche Sünde! Katharina II., ein Opfer dieser verrückten Leidenschaft ... ein weiterer Beweis Deiner uneingeschränkten Macht über mich. Genug! Genug! Ich habe schon eine so sentimentale Philosophie zu Papier gebracht, die Dich nur zum Lachen bringen wird. Nun gut, verrückter Brief, flattere zu jenen glücklichen Räumen, wo mein Held zu Hause ist ... Lebe wohl, Giaur, Moskowiter, Kosak ...

ICH BIN IHNEN SELTSAM NAHE, SCHON DURCH TAGE UND WOCHEN

Lisa Weise
an Rainer Maria Rilke

H., im Juli 1919

Ich sollte schweigen und mir genug sein lassen an der Musik Ihrer Lieder, in denen die Süße Chopinscher Nocturnos und die verhaltene Kraft Beethovenscher Largosätze schwingt. Ich sollte schweigen – aber ich würde mir wie beraubt vorkommen und wie um einen großen Verlust trauern, wenn ich dem Impuls, Ihnen zu danken, nicht nachgäbe. Bitte, zürnen Sie nicht!

Ich bin Ihnen seltsam nahe, schon durch Tage und Wochen. Ihre Lieder berühren mich wie etwas Wiedergefundenes. Wenn auch die unlösbaren Fragen und die ungewissen Antworten des Herzens nicht ganz beschwichtigt werden, so wird doch die tiefe Einsamkeit, in der ich mit meinem kleinen Kind hier lebe, durch den reinen Bestand Ihrer Kunst milder und weniger lastend. Und das ist ja unendlich viel.

Lassen Sie mich danken für die »Erfahrungen«, die Ihre Lieder aussprechen und die so viel Tröstungen enthalten, als das Herz anzunehmen willig und würdig ist.

BILDEN SIE SICH ABER NUR NICHT EIN, DASS SIE MEIN LIEBSTER SIND

Luise von Gall
an Levin Schücking

Darmstadt, 18. Dezember 1842

Ist Ihnen ein Wort bekannt, Levin, welches Übermut heißt? Das Wort passt für Sie, dies und kein anderes! Da jagt er und jagt und schießt und lässt Fanfaren blasen und wickelt sich eine goldene Schnur um seinen grünen Hut und zieht gelbe Stiefel an wie ein Türke und meint, mir müsse das alles recht sein, wenn ich auch nichts von ihm höre, mich vergessen glaube! Ja, vergessen – das fürchte ich immer! Dann fragt er mich noch ganz naiv: »Gelt, Du hast mich recht lieb?« Darauf rechnet er eben, und darum ist er so übermütig. Que faire? Sogar entschlossen habe ich mich, diesem absoluten Fürsten nun endlich mein Bild zu schicken, denn er muss mich für noch hässlicher halten, als mich die Zeichnung darstellt, sonst würde er nicht so grenzenlos ungalant sein, mich solange auf Antwort warten zu lassen, auf »die zwei liebenswürdigsten Briefe, die je geschrieben wurden«. Schmeichler! Oh, über dieses Geschlecht der Jäger! Es war eine Ahnung in mir, dass ich immer so gegen die Jagd geeifert; Ahnung, dass sie mir noch einmal meinen Liebsten abspenstig mache. Bilden Sie sich aber nur nicht ein, dass Sie mein Liebster sind; ich kann Sie versichern, Sie sind auch erst auf dem Wege, und zwar eben auf einem sehr schlechten!

Ich bin wahrhaft viel zu gut gegen Sie, Levin. Ich kann und kann Dir nicht zürnen, Du böses, übermütiges, aber – liebes Kind! Warum schreibst Du aber so verlockende Briefe? Ich bin nur ein armes, harmloses Menschenkind und solchem Zauber nicht gewachsen!

BRIEFCHEN, DIE VOLLER HEISSER LIEBE SIND

Mileva Maric
an Albert Einstein

Zürich, 3. Mai 1901

Mein lieber Johannzel!
Heute bekam ich Dein 1. Brieferl, aus dem ich mit Verwunderung ersah, dass Du mein Zusagebriefchen nicht bekommen hast. Sollte es wirklich verlorengegangen oder sonst was damit ergangen sein? Aber hoffentlich hast Du es unterdessen doch bekommen. Gestern schrieb ich Dir auch ein Kärtchen in schlechtester Laune, wegen einem Brief, den ich bekam. Aber wo ich Dein Brieferl heute las, wurde ich ein bischen lustiger, da ich sehe, wie lieb Du mich hast, und denke, wir machen das Reiserl doch. Und komme also am Sonntag Morgen um 5 Uhr nach Como, weil ich nicht einen gan-

zen Tag mit der Route, die ich schon kenne, verlieren darf (gellst, da schaugst, was für ein braves Schatzerle Du hast). Und Du bist entweder schon am Bahnhof, was schwerlich gehen wird, oder ich erwarte Dich mit dem ersten Zug, der von Mailand kommt. Dann wollen wir einen Teil des Sees zu Fuss ablaufen und botanisieren und schwatzen und uns mit einander freuen. – [...]

Und so gerne hast Du Dein Doxerl, und so Sehnsucht hast nach ihr! Wie freut sie sich immer mit Deinen Briefchen, die voller heisser Liebe sind, und die ihr zeigen, dass Du wieder ihr lieber Schatz bist, von früher her, und Gotterl! was hat sie Dir für schöne Putzerline aufbewahrt!

Wie freue ich mich auf den Sonntag! jetzt sind nur noch 2 Tage bis dahin, also verschlaf Dich nicht. Es erwartet Dich mit Tausend Freuden Dein geplagtes

Toxerline

ERKENNEN

DU BIST EIN SCHLINGEL UND HAST MEINE SEELE GESTOHLEN

Annette von Droste-Hülshoff
an Levin Schücking

Meersburg, 5. Mai 1842

Guten Morgen, Levin! Ich habe schon zwei Stunden wachend gelegen und in einem fort an Dich gedacht; ach, ich denke immer an Dich, immer. Doch punctum davon, ich darf und will Dich nicht weich stimmen, muss mir auch selbst Courage machen und fühle wohl, dass ich mit den ewigen Tränenweidensäuseln sowohl meine Bestimmung verfehle als auch Deine Teilnahme am Ende verlieren würde; denn Du bist ein hochmütiges Tier und hast einen doch nur lieb, wenn man was Tüchtiges ist und leistet. Schreib mir nur oft, mein Talent steigt und stirbt mit Deiner Liebe;

was ich werde, werde ich durch Dich und um Deinetwillen; sonst wäre es mir viel lieber und bequemer, mir innerlich allein etwas vorzudichten.

Sobald ich diesen Brief geschlossen, geht's con fuore ans Werk; ich bin wieder in der fruchtbaren Stimmung, wo die Gedanken und Bilder mir ordentlich gegen den Hirnschädel pochen und mit Gewalt ans Licht wollen, und denke Dir die Beiträge sehr bald schicken zu können, obwohl gewiss der Psalm wieder um zwei Drittel zu lang werden wird. Mich dünkt, könnte ich Dich alle Tage nur zwei Minuten sehn – o Gott, nur einen Augenblick! – dann würde ich jetzt singen, dass die Lachse aus dem Bodensee sprängen und die Möwen sich mir auf die Schulter setzten! Wir haben doch ein Götterleben hier geführt, trotz Deiner periodischen Brummigkeit! [...]

Schreib mir, dass Du mich lieb hast; ich habe es so lange nicht ordentlich gehört und bin so hungrig darauf, Du dummes, nichtwürdiges kleines Pferd! [...]

Levin, Levin, Du bist ein Schlingel und hast mir meine Seele gestohlen; Gott gebe, daß Du sie gut bewahrst. Aber Du hast mich auch lieb und denkst auch an mich an Deiner Donau, suchst Muscheln, die wahrscheinlich nicht da sind, und hast schon Pflanzenabdrücke und zwei Steine für mich zusammengehütet; so ist's recht! Und wären es am Ende auch simple Kiesel, so soll man immer füreinander denken und schaffen, um die Liebe in sich selbst frisch zu erhalten; ich will auch für Dich zusammenscharren, geschnittene Steine, Pasten, Rokoko, wie ich nur kann. Sobald man so viel zusammen hat, dass man es auf die ordinäre Post geben kann, ist es das Porto immer leicht wert, und es ist eine gar zu große Freude, das Empfangen wie das Geben. Du altes Herz, Deine Müschelchen, die Du mir hier gesucht und in dem Schwefelholzkästchen gegeben hast, kann ich kaum ohne Tränen ansehn, und sie sind mir lieber wie alle die schönen seltnen Meermuscheln in meinem Glasschranke zu Rüschhaus. Adieu, Levin, behalt Dein Mütterchen lieb, stelle Dir oft vor, dass ich bei Dir wäre und Du mir alles erzähltest und vertrautest, wie wir da zusammen waren; bitte, denk das oft, so wird in Deinem Herzen nie eine Falte gegen mich kommen; ich will Dir auch immer alles sagen. Adieu, lieb Herz!

MEINE EINZIGE BEFÜRCHTUNG IST, DASS LIEBE MICH BLIND MACHT

Edith Wharton
an William Morton Fullerton

Spätsommer 1909

Mein Liebster,
ich schreibe Dir diesen Brief, weil ich heute Nachmittag an der lieben, alten, krummen Kirche von Creil vorbeiging, wo ich vor eineinhalb Jahren so eine glückliche Stunde mit Dir verbrachte ...

Davor hatte ich kein persönliches Leben; seitdem hast Du mir so viel Freude gegeben, wie man sich nur vorstellen kann. Nichts kann sie mir jetzt noch nehmen, oder sie in meinen Augen schmälern, außer die Entdeckung, dass das, was mein ganzes Leben befreit hat, vielleicht allmählich, unmerklich, zu einer Art ärgerlichen Unfreiheit für

Dich wird. Das ist die Angst, die mich heimsucht, und Dich vor dieser Möglichkeit zu bewahren, ist mein beständiges Anliegen.

Dem Wesen der Dinge nach ist es unmöglich, dass wir unsere Leben noch sehr viel länger teilen. Ich habe der Tatsache ins Gesicht gesehen und sie akzeptiert und habe keine Angst, außer wenn ich an den Schmerz und das Mitleid denke, das Du vielleicht wegen *mir* empfindest.

Das will ich Dir ersparen, und daher will ich Dir jetzt sagen, mein Liebster, dass ich weiß, wie ungleich der Austausch zwischen uns ist, wie wenig ich geben kann, das einem Mann wie Dir etwas bedeuten könnte, und wie bereit ich bin, wenn der Übergang kommt, wieder der gute Kamerad zu sein, den Du einst in mir gefunden hast.

Meine einzige Befürchtung ist, dass Liebe mich blind macht, und mein Herz mir zuflüstert ›morgen‹, während mein Verstand sagt ›heute‹ ... um diese Möglichkeit zu umgehen, können wir nicht eine Abmachung treffen, dass Du das Zeichen dazu gibst und mich einfach eines Tages ›mein Freund‹ nennst anstatt ›meine Freundin‹? Wenn ich sicher wäre, dass du das tust, könnte ich zufrieden sein!

Ich kann Dir dies nicht ins Gesicht sagen, denn wenn ich es tue, nimmst Du mich in den Arm, und dann habe ich keine Willenskraft mehr.

Aber es ist wahr und es muss gesagt werden, und ich bin überzeugt, dass es nur von beiden Seiten ein wenig guten Willen und Offenheit braucht, um den schwierigen Schritt zu tun, ohne das Fundament der Kameradschaft zu erschüttern, das für immer zwischen uns bestehen bleiben wird. Ich musste es Dir sagen.

Bitt sag mir am Montag so früh wie möglich Bescheid, ob Du zum Abendessen kommst.

ICH SEHE EIN, DASS ICH DICH MEHR LIEBE ALS MEINE EIGENE HAUT

Frida Kahlo
an Diego Rivera

23. Juli 1935

Ein gewisser Brief, den ich zufällig sah, in einer gewissen Jacke eines gewissen Herrn, von einem gewissen Dämchen aus dem fernen, verfluchten Deutschland – dieser Brief machte mich sehr wütend und, um die Wahrheit zu sagen, eifersüchtig ...

Warum begreife ich in meiner dämlichen Beschränktheit nicht, daß die Briefe, die Weibergeschichten, die ... Englischlehrerinnen, die Zigeunermodelle, die »hilfsbereiten« Assistentinnen, die an der »Kunst der Malerei« interessierten Schülerinnen und die wichtigen Botschafterinnen von weither lediglich ein *Zeitvertreib* sind und daß *Du und ich* uns im Grunde genommen *von Herzen* lieben? Daß wir uns immer noch lieben, nachdem wir zahllose Abenteuer überstanden, gegen Türen gehämmert, uns rüde beschimpft und über Ländergrenzen hinweg Forderungen gestellt haben? Es ist wohl so, daß ich ein bißchen unvernünftig und ein ziemlicher Blödhammel bin, denn in den sieben Jahren unseres Zusammenlebens sind all diese Dinge immer wieder vorgekommen, aber meine ganze Raserei hat einzig und allein bewirkt, daß ich einsehe, daß ich dich mehr liebe als meine eigene Haut. Und auch wenn Du mich nicht mehr so liebst wie zuvor, so liebst Du mich doch noch ein wenig, nicht wahr? Wenn dem nicht so ist, wird mir immer noch die Hoffnung bleiben, daß es so sein könnte, und das genügt mir ...

Liebe mich ein kleines bißchen
Ich bete Dich an

            Frida

MEIN HERZENSNARRCHEN, MEINE EINSAMKEIT, MEIN SCHIFF

Henriette Vogel
an Heinrich von Kleist

Berlin, November 1811

Mein Heinrich, mein Süßtönender, mein Hyazinthenbeet, mein Wonnemeer, mein Morgen- und Abendrot, meine Äolsharfe, mein Tau, mein Friedensbogen, mein Schoßkindchen, mein liebstes Herz, meine Freude im Leid, meine Wiedergeburt, meine Freiheit, meine Fessel, mein Sabbath, mein Goldkelch, meine Luft, meine Wärme, mein Gedanke, mein teurer Sünder, mein Gewünschtes hier und jenseit, mein Augentrost, meine süßeste Sorge, meine schönste Tugend, mein Stolz, mein Beschützer, mein Gewissen, mein Wald, meine Herrlichkeit, mein Schwert und Helm, meine Großmut, meine rechte Hand, mein Paradies, meine Träne, meine Himmelsleiter, mein Johannes, mein Tasso, mein Ritter, mein Graf Wetter, mein zarter Page, mein Erzdichter, mein Kristall, mein Lebensquell, meine Rast, meine Trauerweide, mein Herr Schutz und Schirm, mein Hoffen und Harren, meine Träume, mein liebstes Sternbild, mein Schmeichelkätzchen, meine sichre Burg, mein Glück, mein Tod, mein Herzensnarrchen, meine Einsamkeit, mein Schiff, mein schönes Tal, meine Belohnung, mein Werther, meine Lethe, meine Wiege, mein Weihrauch und Myrrhen, meine Stimme, mein Richter, mein Heiliger, mein lieblicher Träumer, meine Sehnsucht, meine Seele, meine Nerven, mein goldner Spiegel, mein Rubin, meine Syringsflöte, meine Dornenkrone, meine tausend Wunderwerke, mein Lehrer und mein Schüler, wie über alles Gedachte und zu Erdenkende lieb ich dich. Meine Seele sollst Du haben.

Henriette

Mein Schatten am Mittag, mein Quell in der Wüste, meine geliebte Mutter, meine Religion, meine innre Musik, mein armer kranker Heinrich, mein zartes weißes Lämmchen, meine Himmelspforte.

H.

ICH WILL EIN INTENSIVES LEBEN, ICH WILL ES SPÜREN, JEDE MINUTE

Martha Gellhorn
an Ernest Hemingway

Kuba, 28. Juni 1943

Meine liebste Laus,
wie ich mich nach Dir sehne. Meine Katzen sind sehr lieb zu mir, aber glücklicher- oder unglücklicherweise können sie weder lesen noch sprechen. Ich sage zu ihnen: Es ist ein gutes Buch; und sie fegen wie nichts über den Tisch und tollen mit dem Kabel herum, und Friendless setzt sich mit ihrer Schnurrmaschine kurz auf meinen Schoß. […]

Wie eigenartig das alles ist; wie eigenartig das Leben ist. Wer hätte je gedacht, daß ich, die mit dem Traum vom Schreiben auszog (und dieser Traum hat sich zumindest nie geändert), in einem maison de passe neben der Madeleine gewohnt hat und, so romantisch und verlegen, statt Frühstück einen Strauß Veilchen als Schmuck für die Jobsuche kaufte, in dieser vollkommenen, geborgenen Pracht landen und mein fünftes Buch beenden würde. Aber ach! Ich will nicht älter werden; nicht einmal, wenn ich dann viel besser schreibe, mehr weiß und ein beneidenswertes Leben führe statt des ziemlich schäbigen, unsicheren, das nur durch meinen Habitus aufgewertet wird. Ich will überhaupt nicht älter werden. Ich will es so wenig, daß ich jetzt, auf der Stelle, das erbärmliche erste Buch gegen dieses vielleicht hervorragende fünfte Buch eintauschen würde: um, inbegriffen in den Tausch, die Angst, die Überraschung und die Hoffnung der Zwanziger zurückzubekommen. [...]

Ich mag die etablierte, wohlbewehrte Frau nicht, die ich geworden bin. Das laute plärrende zerzauste naive unbesonnene mißratene Mädchen war ein besserer Mensch.

Ich wünschte, wir könnten das alles auf der Stelle anhalten, Prestige, Besitz, Rang, Wissen, Sieg: und daß wir beide durch ein Wunder wieder unter dem Friedensbogen in Mailand stünden, Du so fesch in Deinem Motorradbeiwagen, und ich, schlecht angezogen, grimmig, liebend, auf der Straße darauf wartend, daß Du fotografiert wirst. Mein Gott, wie ich mir das wünsche. Ich würde das letzte bißchen, das ich jetzt besitze, dafür hergeben, mit Dir wieder jung und arm zu sein, so arm, wie man nur sein konnte, und die Tage mühsam, aber immer in diesem Glanz, der von der Unsicherheit herrührt, vom Hoffen, ja vom Glauben an genau die Dinge, die wir jetzt haben. Ach Mist. Ich bin ein Dummkopf. [...]

Man ist geborgen: Zwei Menschen leben zusammen in irgendwelchen vier Wänden. Und nach und nach werden sie füreinander der gemeinsame Nenner: Sie kommen wortlos überein, Visionen und Leidenschaft und das komplizierte persönliche Zeug fahrenzulassen: Sie finden eine gemeinsame Grundlage, die grün ist und weich, und auf der bleiben sie. Dabei können sie ziemlich schrullige, feurige Zeitgenossen sein: wie all die schönen Sagengestalten; Ikarus und Prometheus und Leda und so weiter. Aber sie sind zwei Menschen, die beschlossen haben, alle Kanten abzuschleifen, die Stimme zu senken und zu leben. In diesem Moment ihrer Zweisamkeit können sie so wild und so frei sein, wie sie wirklich sind; wie sie innen sind, wo sie nie von einer organisierten Gesellschaft gehört haben und der heiteren, rücksichtsvollen, praktischen Institution der Ehe.

Ich möchte jung und arm sein, in Mailand, mit Dir und unverheiratet. Ich glaube, auf gewisse Weise wollte ich immer wie eine Frau fühlen, und am nächsten kam ich dem im ersten Winter in Madrid. Mit diesem Gefühl verbindet sich eine Blindheit, eine Inbrunst, eine Sorglosigkeit, die man sich immer wünschen muß. [...]

Was will die bloß, wirst Du sagen, daß sie hier klagt und vergangenen Zeiten, Orten und Leben nachweint? Was ist nur los mit diesem Weibsstück: Habe ich nicht schon genug Probleme, auch ohne sie? Aber ich bin kein Problem, Laus, denk das ja nicht. Ich bin kein Problem. Ich habe ein Hirn in meinem knochigen Schädel, wie alle, und um das geht es mir. Ich schreibe Dir nur, was ich heute abend fühle oder denke, weil warum nicht: Wir können nicht so verheiratet sein, daß wir nicht unsere Meinung sagen dürfen.

Marty

UND SO MIT MIR VERWEBT BIST DU

Susette Gontard (Diotima)
an Friedrich Hölderlin

Du hast mich lieb, wie ich Dich, und das kann mir niemand nehmen … Leb wohl, nahe oder ferne, doch immer bei mir. Und so mit mir verwebt bist Du, dass nichts Dich von mir trennen kann, wir sind beisammen, wo wir auch sind […] Scheue Dein Herz nicht und glaube wie ich, dass wir ewig *unser* und nur *unser* sind.

DU WIRST ZUGEBEN, DASS ICH RÄTSELHAFT BIN

Virginia Woolf
an Vita Sackville-West

Montag

Ja, Du bist ein flinkes Tier – zweifelsohne, was allerdings Deine Luftsprünge zur Ergötzung betrifft, immer, in der Ebury Street zum Beispiel um 4 Uhr früh, da bin ich nicht so sicher. Böses, gottloses Biest! Mit Austern Sport treiben zu wollen – lethargischen süßen lippenförmigen Austern, unzüchtigen lasziven Austern, sesshaften kalten Austern, das zu wollen, sag ich. Deine Auster war am Telefon aufgelöst in Tränen und flehte Clive an, zurück zu ihr zu kommen – das ist die ganze Treue, die in Austern ist. Doch wozu bin ich zurückgekommen? [...] Böses, gottloses Biest!

Gleichzeitig gab es da die Muscheln, die Krabbe, das Bett, das Holzfeuer: Alles soll Dir als Verdienst angerechnet werden. Ich bin eine faire Frau. Sei Du nur ein vorsichtiger Delphin mit Deinen Luftsprüngen, sonst findest Du Virginias weiche Spalten voller Widerhaken. Du wirst zugeben, dass ich rätselhaft bin – Du erfasst mich jetzt nicht –

Süße, könntest Du daran denken, meinen Regenmantel (rosarot) und meine Handschuhe (scharlachrot) mitzubringen. Ich warf sie wohl in der Halle weg. Ich halte den Dienstag, der wunderbarerweise frei ist, zu jedem Zweck fest, den Du magst.

TRÄUMEN

ICH HAB DURCH DEN WINTER DURCHGESEHEN IN DEN FRÜHLING

Bettina Brentano

an Achim von Arnim

nach 1808

Hast Du das noch nicht gefühlt: wenn Du recht geliebt hast, dass alles um Dich sich verklärte? Vor mehreren Jahren, da lag der Schnee schon etwas tief, ich bin in der Lindenallee, es waren viele Raben auf die Bäume geflogen, ich war so kalt, so kalt, dass ich nicht einmal fror, obschon es auf mich schneite, ich war ganz empfindungslos. Da ging aber bald darauf die Sonne ganz rot unter, da hab' ich durch den Winter durchgesehen in den Frühling, wo sich Blätter und Blüten warm einander im Schoß lagen, durch die Erde durch, wo die Wurzeln mit gierigem Eifer ihre Kraft einsaugen, wo alles schlürft und genießt, wo der Herr, ihr Gott, in sichtbarer Gestalt hinwandelt und mit dem Blick den Segen erweckt, und alles war im Leben: da fühlte ich ganz deutlich, dass alles ewig ist, dass die Liebe ewig ist, aber nicht alt wird, dass sie durchdringt, dass Gott nur die Liebe in sein Reich aufnimmt, und dass sie der einzige Reichtum ist, den er gewährt; und wohl dem, der sich von ihr entzünden lässt, wo sie in Wahrheit ist.

KÖNNTE ICH ES DICH NUR EINMAL GANZ WISSEN LASSEN

Caroline Claudius-Perthes
an Friedrich Perthes

Das Liebhaben ist gewiss das größte Wunder im Himmel und auf Erden und das Einzige, von dem ich mir vorstellen kann, dass ich es in Ewigkeit nicht satt bekommen werde.

1803

Ich habe eben hinaus gesehen ins Freie und an Dich gedacht. Herrlich ist die Nacht mit den heiter funkelnden Sternen. Sieht Dich in Deinem Wagen der eine heller als der andere an, so soll er Dir Liebes und Gutes von mir überbringen und nichts Betrübtes, denn mir ist nicht mehr so wehe, wie wohl früher, wenn Du verreisest. Aber ich weiß gewiss, dass darin nicht Abnehmen der Liebe ist. Könnte ich es Dich nur einmal ganz wissen lassen, wie ich wirklich zu Dir stehe, so würdest Du Deine Freude daran haben, aber was ich auch sage und schreibe, es bleibt immer ein unverständlich Ding und ist nicht das Lebendige, was ich in mir trage. Wenn Du mich nach diesem einmal ohne Worte wirst verstehen können, dann erst wirst Du besser merken, was und wie ich es eigentlich gemeint habe.

DEIN BRIEF HAT DIESE NACHT IN MIR GERUHET

Caroline Michaelis
an Friedrich Wilhelm Schelling

Braunschweig, März 1801
Mittwoch Abend

Wenn ich nur zu Dir kommen könnte diesen Abend und liebreich mit Dir schwatzen. Die Sonne und der blaue Himmel lockten mich heute unwiderstehlich an und mahnten mich an meinen Freund; ich wünschte zuletzt nur, es möchte recht schlecht Wetter sein und bleiben bis zum wahren Frühling, dann ist doch alles rund herum zu und man weiß, daß man nicht hinaus kann. Ich bin vor dem Tore gewesen in einem protestantischen Jungfrauenkloster, wo Jerusalems Tochter Domina ist. Es ist da noch einige Freundlichkeit der Aussicht und vor allen Fenstern herrliche Pflanzungen, Reseda,

Heliotropicum und was es liebes in der Art gibt, dessen Gemüt in Duft besteht. – Süßer Freund, Dein Brief hat diese Nacht in mir geruhet; ich bekam ihn gestern sehr spät; halb mit Schmerz habe ich alle seine Liebe in mich gesogen. Wenn Du es nun sehr gewaltsam nimmst, was ich Dir gestern geschickt habe – ach wie wirst Du mich noch bekümmern. Es ist doch gar nicht gewaltsam – im Anfang war ich erschüttert, aber alles hatte sich gelegt, und die Seele meiner Entschließung wurde von dem Anfang ganz unabhängig. Im Grunde haben wir uns oft gedacht, dass es so mit uns werden sollte, Du hast es mir auch geschrieben. Glaube nur, ich werde nie etwas eingehen, wo ich nicht ganz Deine Freundin bleiben kann ...

Mein lieber Joseph, ob ich mich freuen werde, Dich wiederzusehn? Ja, wahrlich mehr wie ich Dir sagen kann, eilt meine Freude schon der Zeit voraus, die uns noch trennt, und ich überlasse mich ihr jetzt ohne Furcht, ich bin so sicher in mir selber geworden, weil ich weiß, was ich will.

DIE FÄHIGKEIT ZU LIEBEN
IST MEINE GRÖSSTE KRAFT

Elizabeth Barrett
an Robert Browning

Donnerstag Abend
(Poststempel: 20. Dezember 1845)

Liebster, Du verstehst zu sagen, was mich so glücklich macht, Du, der nie daran denkt, wie Du sagst, mich glücklich zu machen! Ich meinesteils denke auch nicht daran; ich begreife nur, dass Du mein Glück bist, und dass Du also für mich kein anderes Glück mehr schaffen könntest, das zu haben sich lohnte – nicht einmal Du! Denn wie könntest Du's? Das wollte ich gestern sagen, aber ich konnte es nicht – es zu schreiben, ist leichter.

Da wir von Glück reden – soll ich es Dir sagen? Versprich, nicht böse zu sein und ich will es Dir sagen. Ich habe bisweilen gedacht, wenn ich nur mich bedächte, möchte ich lieber diesen Winter sterben – jetzt – ehe ich Dich in irgend etwas enttäuscht habe. Weil aber Du besser und lieber und mehr zu berücksichtigen bist als ich, so möchte ich es nicht. Ich kann nicht wünschen, Dir Schmerz zu machen, selbst auf die Aussicht hin, dass es ein geringerer Schmerz, ein geringeres Übel wäre, als was vielleicht folgen mag (wer kann das sagen?), wenn ich die Last Deines Lebens werde.

Denn wenn Du mich mit manchen Worten glücklich machst, ängstigst Du mich mit anderen – wie mit der Überschwenglichkeit gestern – und im Ernst – nur zu sehr im Ernst, wenn der Moment, über sie zu lächeln, vorbei ist – erschrecke ich, ich zittere! Wenn Du mich erst so kennen lernst, wie ich mich kenne, was, meinst Du, kann mich dann davor retten, dass ich Dich enttäusche und Dir missfalle? Ich stelle die Frage und finde keine Antwort.

Es ist eine ärmliche Antwort, wenn ich sage, ich kann eines gut ... ich habe eine Fähigkeit in hohem Maße. [...] Die Fähigkeit zu lieben ist meine größte Kraft – ich habe das geglaubt, ehe ich Dich kannte. Und obgleich jede Frau Dich lieben könnte – jede, die Verstand genug hat, um Dich damit zu erkennen – (o, denke nicht, ich vergrößere mein Amt in ungebührender Weise) so bleibe ich doch dabei, mir das einzureden! [...] Es ist eine so ärmliche Antwort! Eine beinahe so ärmliche Antwort wie Deine wäre, wenn ich Dich bitten wollte, Du solltest mich lehren, Dir immer zu gefallen; oder vielmehr, Dir nicht zu missfallen. Dich nicht zu enttäuschen, zu quälen – wie, wenn all das in meinem Schicksal stände?

DIE LANGE WILDNIS
OHNE DIE ROSENBLÜTE

Elizabeth Barrett
an Robert Browning

10. Januar 1846

Mir, mir allein scheint, dass kein Mann jemals einer Frau das bedeutete, was Du für mich bist. – Die Fülle muss in Verhältnis gebracht werden, wie Du weißt, zur Leere. [...] Nur ich weiß, was früher war – die lange Wildnis ohne die Rosenblüte [...] und die Unfähigkeit, Glück aufzunehmen, ähnlich wie ein schwarzes, gähnendes Loch, bevor diese Silberflut kam. Ist es nicht wunderbar, dass ich wie in einem Traum dastehe und ungläubig bin – nicht Dir gegenüber –, aber gegenüber meinem Schicksal? Wurde jemals irgendjemand so plötzlich aus einem lichtlosen Kerker befreit und auf den Gipfel seines Berges gebracht, und ihm wurde nicht schwindlig und bang im Herzen, wie es mir passierte?

KÖNNT ICH DOCH AN DEINEN HALS FLIEGEN

Karoline Richter
an Jean Paul Friedrich Richter

1802

Du göttlichstes Einziges Herz!
Könnt ich doch an Deinen Hals fliegen und Dir danken, dass Du an mich gedacht hast, ich stand gerade auf dem Flur, das kleine Spinde mit Gaze zu beschlagen, als ich Deinen Brief bekam – Du Liebster wie gern hätt ich mit meinen Augen die Wolke durchstechen mögen, um Dir einige Sonnenstrahlen zu verschaffen. Eine so unschuldige Reise – eine so lang aufgeschobene Freude, ein so genügsames Herz, das nichts weiter will, als sich in der Natur entzücken – es ist unverzeihlich vom Himmel, wie freudig wollte ich die alte Mischung von Regen und Sonnenschein wieder zurückrufen – die wenigstens eine fliegende Beleuchtung auf Deine Gegenden

geworfen hätte. Als Du gestern in Deinem Wagen festsaßt, war's meinem kindischen Herzen, als säße da der fremde Jean Paul, der nicht mir gehörte. Wie wenn ich Dich in Berlin hätte abreisen sehen – und es war so leer oben hinauf – ich so verlassen. Ein paar schwere Tränentropfen, solche heiße bange musst ich weinen, aber ich ertränkte meine Beklommenheit – ich ging in Dein Zimmer, räumte auf – ließ es reinmachen. Dein Schnupftuch nahm ich in meins hinüber, es hatte noch einige Wärme von Dir; aber ich hatte nichts zu sorgen – mir war auch nicht wohl – ich sehnte mich nach etwas Zerstreuendem von außen her, das ich mir nicht selbst gäbe, sagt, hätt ich arbeiten – schreiben können. Da holt ich mir den ungebundenen ersten Teil des Titans, und habe ihn fast ganz durchgelesen – wie ich da oft zu Deinen Füßen hätte sinken mögen, Du Herrlichster, kannst Du Dir denken. Ich finde in Deiner Abwesenheit erleuchtet mir ein unnennbares Etwas – die Spiele Deiner Fantasie, Deine Bilder, Deine Malereien – oder ist's nur weil meine Seele ganz offen, ganz gierig ist nach Deinem Allerheiligsten? und ich durch die Einsamkeit freier von anderen Störungen meiner Aufmerksamkeit bin? [...]

MORGEN WERDE ICH
SELBST VENUS
EIFERSÜCHTIG MACHEN

Luise von Preußen
an König Friedrich Wilhelm III.

Berlin, den 25. April 1797

Ihre stets ergebene und gehorsame Dienerin!
Vergebens habe ich den ganzen Tag gewartet. Keine Nachricht, kein Brief, keine Antwort von Seiner Königlichen Hoheit, und ich bin so weit, und so klug wie gestern, ehe ich Ihnen schrieb. Das Gallenfieber ärgere ich mich an den Hals, doch das will ich bleiben lassen und Dir sagen, dass ich mich recht sehr wohl befinde, heute etwas eingenommen habe, worauf ich mich gestärkt und erleichtert fühle. [...]

   A propos, ich habe mir was ausgedacht. Um Dich dafür zu bestrafen, dass Du Sonnabend soviel Champagnerwein trinkst, teile ich Dir mit, dass ich mich für die ganze Zeit meines Aufenthalts in Potsdam schminken lassen werde, und wenn ich erfahre, dass Du kommenden Sonntag auch noch soviel trinkst, werde ich's in Paretz ebenso machen. [...]

Leb wohl, ich will meine Anmut ausruhen, um für den anbrechenden Morgen frischer zu sein. Ich fühle es, morgen werde ich selbst Venus eifersüchtig machen. Wenn aber der eifrige Jünger des Mars mich immer lieb hat, überlasse ich Venus gern ihre Schönheit und Anmut, das Glück ist mir. Du lieber Kriegsknecht, bleibe mir treu und gut und mache mich stets so glücklich, wie ich's nun drei Jahre durch Dich bin.

Deine Louise

ICH KÜSSE DICH FÜR ALLES

Meta Moller
an Friedrich Gottlieb Klopstock

Hamburg, 8. August 1752

Komm, Klopstock, komm, dass ich Dich umarme, dass ich Dich recht heiß küsse und Dich dann nicht wieder von meinen Lippen u. aus meinen Armen lasse. Ach komm, komm, nun ja bald – o was habe ich verdrießliche, langweilige, ekelhafte Tage gehabt! Nicht, dass man mir etwas zuwider getan hat, nein, das nicht; aber man tat mir auch nichts zugut, man sprach nicht von Dir. [...] Ich bin auch so still gewesen, dass, obgleich viel Gesellschaft u. noch dazu einige fremde junge Herren da waren, die gern mit mir sprechen wollten, ich doch nichts als Antworten gesprochen habe. Denn ich hatte ja Dich nicht, ich konnte nicht von Dir sprechen; sollte ich mir denn das einzige, was mir noch blieb, an Dich zu denken, sollte ich mir das auch nehmen? [...]

Es war eine meiner süßesten Vorstellungen in Stellingen, dass ich, wenn ich zu Hause käme, einen Brief von Dir finden würde, und ich fand zweene, und einen für die Schleebusch, der mir fast ebenso lieb war als der an mich. Du Süßer, Süßer! Höre, ich will Dich, wenn Du wiederkommst, für jeden Buchstab küssen, den Du an mich geschrieben hast. Aber nein, alles, alles was Du geschrieben hast, verdient ja wohl, dass ich Dich küsse. Es bleibt also dabei, ich küsse Dich für alles, für Deine Oden küsse ich Dir die Hand, für den *Messias* die Füße. Ich küsse Dich auch für alles, was Du an Fanny geschrieben hast. [...]

Man muss seinen Mann zärtlich lieben, sage ich itzt. Das ist ebensoviel, als das oben. [...] Höre einmal, Du Affe, was willst Du denn, dass ich Dir umständlich schreiben soll? Du Erzaffe!

ODER HAST DU DICH
SCHON MIT MIR GEMISCHT

Paula Ludwig
an Iwan Goll

Berlin, 3. Mai 1932

Damit die Erkenntnisse zum Licht werden und nicht zum Fluch – habe ich mich vorübergehend in gedankenlose glückliche Tätigkeit gestürzt (ich male), mein Herz zu erholen und wie in einer Sommerfrische meine Augen zu baden und meinen Händen ein Spielzeug zu geben. An kleinen Gräsern, an runden Blättern hängt nun meine Seele, ich führe sie spazieren auf verschlungenen Wegen, zwischen samtgrünen Hügeln, genau durch die Landschaft, die ihr am besten gefällt. Da mag sie sitzen am türkisblauen Wasser oder als Eichhörnchen im Nest der Zweige hocken. Täglich ersinne ich neue angenehme Wohnsitze für das traurige

Ding – damit sie nur nicht in den eigenen Körper zurückkehren muss – [...]

Du ahnst ja nicht, wie groß die Überwindung war, der Tod, den ich zu überwinden hatte, die Enttäuschung die diese letzte Liebe mir bereitet hat – aber alles ist nur ein Weg – das ganze Leben und alle Erfahrungen und ich gehe wieder, ich gehe wieder weiter – o Du Nacht-Gewässer in das ich mündete und dachte es wäre das Meer – oder hast Du Dich schon mit mir gemischt und sind wir ein Strom der gemeinsam einem Größeren zuströmt? Fast scheint es mir so Du Geliebte Geliebter und das was ich für Enttäuschung hielt war nur ein Fehler meines Gefühls.

Dass ich die Gedichte liebe und schön finde, sage ich Dir zum Ende nun doch. Ich liebe sie wie ein kostbares Kleid, das Du getragen hast. Du hast es abgelegt und ich streichle darüber, vergangene Alltage haben ihre Spuren eingezeichnet, Blutstropfen haben Flecken hinterlassen, Staub von Paris Straßen säumt ihren Saum. Es bröckelt und bricht darin, es musste so alt werden um abgelegt werden zu müssen. Es ist bis ins letzte verbraucht. Aber sie sind als Gedichte so gültig als wären es Hymnen an die Natur!

BEI UNS MUSS ES STILL
UND RUHIG SEIN

Rosa Luxemburg
an Leo Jogiches

Berlin, 6. März 1899

Mein lieber, geliebter Dziodziu! Ich küsse Dich tausendmal für den liebsten aller Briefe und das Geschenk, das ich noch nicht erhalten habe. Was ist nur in diesem Jahr geschehen, ich werde überschüttet, wie aus einem Füllhorn. [...] Mein Goldener, Lieber, was für eine Freude Du mir mit Deinem Brief gemacht hast: ich habe ihn schon sechsmal von Anfang bis zum Ende gelesen. Also wahrhaftig, Du bist mit mir zufrieden! Du schreibst, dass ich vielleicht nur so innerlich weiß, dass es dort irgendwo einen Menschen mit Namen Dziodziu gibt, der zu mir gehört! Und fühlst Du denn nicht, dass ich alles, was ich tue, immer nur mit dem Gedanken an Dich tue: wenn ich einen Artikel schreibe, so ist mein erster Gedanke – das wird Dir Freude machen, und wenn ich zwei Tage habe, wo ich an meiner eigenen Kraft zweifle und nicht arbeiten kann, dann nagt an mir nur der Gedanke, wie das auf Dich wirkt, ich halte mein Versprechen an Dich nicht ein, ich enttäusche Dich. [...]

Am meisten habe ich mich über die Stelle in Deinem Brief gefreut, wo Du schreibst, dass wir beide noch jung sind und noch imstande, auch unser persönliches Leben einzurichten. Ach, Dziodziu, goldener, würdest Du doch dieses Versprechen halten! ... Eine kleine Wohnung für uns, unsere eigenen Möbel, unsere Bibliothek; Stille und regelmäßige Arbeit, gemeinsame Spaziergänge, von Zeit zu Zeit eine Oper, ein kleiner, *sehr* kleiner Kreis von Bekannten, die man manchmal zum Abendessen einlädt, jeden Sommer für einen Monat aufs Land fahren, aber das dann ganz *ohne* Arbeit! [...]

Aber wir werden nie mehr miteinander streiten bei uns daheim, nicht wahr? Bei uns muss es still und ruhig sein, wie bei allen Leuten.

FAST IMMER SEH ICH DICH
MIT SCHÖNEN FRAUEN

Sophie Mereau
an Clemens Brentano

Heidelberg, 12. November 1804

Ich träume oft von Dir, ohne gerade an Dich zu denken; doch ist dies wohl das eigentlichste, tiefste Denken. Aber fast immer seh ich Dich mit schönen Frauen, mit denen Du sehr interessante, kleine Romane spielst. Zwei waren besonders lebhaft. Die eine hieß Jeanette und war eine Abenteurerin, eine schöne Sünderin, wie Du sie liebst. Sie war bei Dir unter mancherlei Verkleidungen, und Du machtest mir ein Geheimnis daraus, bis ich es endlich erfuhr und aus dem Haus lief, Deiner Falschheit wegen. Die zweite war eine schöne, kokette Frau aus meiner früheren Bekanntschaft, sie war sehr zärtlich gegen Dich, Du fuhrst die ganze Nacht mit ihr spazieren, und am Morgen frühstücktet Ihr in einem schönen Garten, wo mir ein kleines Mädchen Euren Aufenthalt verriet und mich heimlich hinführte. Ich sah Euch sitzen, Du schienst kalt und zerstreut, doch wusste ich nicht, was Du dachtest, welches mich sehr ärgerte, da ich doch bei diesem Spiel, Spieler und Zuschauer zugleich war.

Genug von Träumen! Ich gehe sehr oft spazieren, und die Gegend gefällt mir jetzt besser als jemals. Alles sieht so ehrlich aus; die Berge haben ihren täuschenden grünen Schmuck abgelegt und zeigen ihre wahren Gesichter, alle Felsen heben frei ihre braunen Häupter empor, und nur der gediegne Efeu saugt seine geheimnisvolle Milch aus ihren steinernen Brüsten. Zwischendurch laufen die frischen, kindischen Wässerchen und breiten, so weit sie nur mit ihren Ärmchen reichen können, einen wundergrünen, jungen Teppich aus. [...]

SEHNEN

UND HAST MICH GELIEBT, DAS WEISS ICH

Bettina von Arnim
an Johann Wolfgang von Goethe

Wartburg, 1. August,
in der Nacht

Freund, ich bin allein; alles schläft, und mich hält's wach dass es kaum ist, wie ich noch mit Dir zusammen war. Vielleicht, Goethe, war dies das höchste Ereignis meines Lebens; vielleicht war es der reichste, der seligste Augenblick; schönere Tage sollen mir nicht kommen, ich würde sie abweisen.

Es war freilich ein letzter Kuss, mit dem ich scheiden musste, da ich glaubte, ich müsse ewig an Deinen Lippen hängen, und wie ich so dahinfuhr durch die Gänge unter den Bäumen, unter denen wir zusammen gegangen waren, da glaubte ich, an jedem Stamme müsse ich mich festhalten, –

aber sie verschwanden, die grünen, wohlbekannten Räume, sie wichen in die Ferne, die geliebten Auen, und Deine Wohnung war längst hinabgesunken, und die blaue Ferne schien allein mir meines Lebens Rätsel zu bewachen; – doch die musst' auch noch scheiden, und nun hatt' ich nichts mehr als mein heiß' Verlangen, und meine Tränen flossen diesem Scheiden; ach, da besann ich mich auf alles, wie Du mit mir gewandelt bist in nächtlichen Stunden und hast mir gelächelt, dass ich Dir die Wolkengebilde auslegte, und meine Liebe, meine schönen Träume, und hast mit mir gelauscht dem Geflüster der Blätter im Nachtwind, der Stille der fernen, weitverbreiteten Nacht. – Und hast mich geliebt, das weiß ich; wie Du mich an der Hand führtest durch die Straßen, da hab ich's an Deinem Atem empfunden, am Ton Deiner Stimme, an etwas, wie soll ich's Dir bezeichnen, das mich umwehte, dass Du mich aufnahmst in ein inneres geheimes Leben, und hattest Dich in diesem Augenblick mir allein zugewendet und begehrtest nichts als mit mir zu sein; und dies alles, wer wird mir's rauben? – was ist mir verloren? – Mein Freund, ich habe alles, was ich je genossen.

Und wo ich auch hingehe – mein Glück ist meine Heimat.

Wie die Regentropfen rasseln an den kleinen runden Fensterscheiben, und wie der Wind furchtbar tobt! Ich habe schon im Bett gelegen und hatte mich nach der Seite gewendet und wollte einschlafen in Dir, im Denken an Dich.

MEIN HERZ SEHNT SICH
NACH DIESEM ABEND

Charlotte von Lengefeld
an Friedrich Schiller

Juli 1790

Mein Herz sehnt sich nach diesem Abend. Nur ein Laut von Dir, mein Liebster, und es wird mir wohl!

Was machst Du bei der entsetzlichen Hitze? Mir ist so warm; ich bin so kraftlos; aber Kräfte des Geistes bedarf man hier nicht, und ich bin so stille und lasse mich gehen und lasse die andern reden. Welch ein anderes schönes Leben ist es mit Dir, Du Liebster! O dass Du immer fühlen könntest, wie viel Du mir gibst! Ich kann dies so wenig sagen, denn meine Gefühle sind so still; ich denke oft, wie viel ich Dir zu sagen hätte, Dich zu fragen, und ich sage doch so wenig, aber ich lebte immer so einsam; was ich dachte, teilte ich nur mit aus

Furchtsamkeit, und daher wird es mir oft schwer, über die Dinge zu sprechen; es wird sich aber geben, der längere Umgang mit Dir wird mir mehr Selbstvertrauen geben.

Alles schläft schon um mich her, aber ich kann nicht eher ruhen, bis ich Dir, teurer Liebster, einen guten Abend gesagt habe, jetzt schläfst Du wohl; ach mir ist's immer, als müsste ich Dich aufsuchen, als hörte ich den Laut Deiner Stimme. Ohne Dich ist das Leben mir nur ein Traum; ich bin nie da, wo ich scheinbar bin, sondern meine Seele, meine besten, wärmsten Gefühle sind nach Dir hin gerichtet. Wie lebst Du? Um unserer Liebe willen strenge Dich nicht zu sehr an, mein einziger Lieber, arbeite nicht zu viel; es kann mir so Angst werden, dass Du Dir doch wirklich schaden könntest.

ALLE MEINE GIRLANDEN HÄNGEN ZERRISSEN VON MEINEM HERZEN HERAB

Else Lasker-Schüler
an Franz Marc

um 1914

Mein lieber, lieber, lieber, lieber blauer Reiter Franz Marc! Du willst wissen, wie ich alles zu Hause angetroffen habe? Durch die Fensterluke kann ich mir aus der Nacht ein schwarz Schäfchen greifen, das der Mond behütet; ich wäre dann nicht mehr so allein, hätte etwas zum Spielen. Meine Spelunke ist eigentlich ein kleiner Korridor, eine Allee ohne Bäume. Ungefähr fünfzig Vögel besitz' ich, zwar wohnen tun sie draußen, aber morgens sitzen sie alle vor meinem Fenster und warten auf mein täglich Brot. Sag mir mal einer was auf die Vögel, es sind die höchsten Menschen, sie leben zwischen

Luft und Gott, wir leben zwischen Erde und Grab. Meine Spelunke ist ein langer, banger Sarg, ich habe jeden Abend ein Grauen, mich in den langen, bangen Sarg niederzulegen. Ich nehme schon seit Wochen Opium, dann werden Ratten Rosen und morgens fliegen die bunten Sonnenfleckchen wie Engelchen in meine Spelunke und tanzen über den Boden, über mein Sterbehemd herüber und färben es bunt; o ich bin lebensmüde. Feige und armselig sind die Kameraden, kein Fest, keine Schellen. Alle meine Girlanden hängen zerrissen von meinem Herzen herab. Ich bin allein auf der Welt lebendig […] und ich werde täglich allein begraben, und ich weine und lache dazu – denn meine Traurigkeit ist weißer Burgunder, mein Frohsinn roter Süßwein. Wenn man die Augen zumacht, weiß man nicht, ob man froh oder traurig ist, da irrt sich der beste Weinkenner. […]

ES MÜSSEN LAUTER WORTE SEIN, DIE AUS IHREM HERZEN KOMMEN

Eva König
an Gotthold Ephraim Lessing

Hamburg, am Montag
28. Oktober 1771

Bester, liebster Freund!
Ich bin Ihretwegen in der größten Unruhe. Warum haben Sie doch unsern Bitten nicht Gehör gegeben, und sind wenigstens nur bis Mittwoch noch hier geblieben? So hätten Sie vermutlich den abscheulichen Sturm, in dem Sie vorige Nacht die Elbe passieren mussten, nicht auszuhalten gehabt. Ich mache mir tausend Vorwürfe, dass ich mit Ursache bin, dass Sie diese Route genommen. Keine Vorstellung kann mir eine ruhige Viertelstunde Schlaf verschaffen. Ich hoffe aber, alle meine Sor-

gen sollen vergebens sein, und Sie werden morgen Abend glücklich und vergnügt in dem lieben Braunschweig eintreffen. Dann so könnte ich den Donnerstag schon einen Brief von Ihnen haben, wenn Sie mir gleich geschrieben hätten. Dies haben Sie doch wohl gewiss getan? O ja, Sie haben es getan. Sie wissen ja, dass meine ganze Ruhe davon abhängt. – Nicht wahr? Sie sind überzeugt, ob Sie gleich zuweilen daran zu zweifeln scheinen, dass ich Sie über alles liebe, über alles hochschätze, und kein Glück mehr für mich in der Welt ist, wenn ich es nicht mit Ihnen teilen soll. Möchten doch alle die Hindernisse, die uns trennen, gehoben werden können, wie wollte ich der Vorsehung mit freudigem Herzen danken! ...

Die zwei ersten Seiten dieses Briefes hatte ich gestern geschrieben. Eben da ich zu Bette gehen wollte, fiel mir ein, dass morgen früh die Post abgeht. Ich schließe diesen Brief also in der Nacht um zwölf Uhr, wo ich Sie mir ermüdet von der Reise, im tiefsten Schlaf gedenke, und Ihnen von ganzem Herzen die angenehmste Ruhe wünsche; mir aber die baldige Versicherung, dass Sie sich, von den Fatiguen der Reise erholt, recht gesund

und vergnügt befinden. Sie können dem noch wohl was hinzufügen, was mir eben nicht zuwider sein wird. Aber! aber! es müssen lauter Worte sein, die aus Ihrem Herzen kommen, so wie es diejenigen sind, mit welchen ich Ihnen sage, dass ich bin, bester, liebster Freund!

Dero aufrichtigste Freundin
E. C. König

KENNST DU DIESE
SEHNSUCHT DER SEELE

George Sand
an Pietro Pagello

Sommer 1834

Soll ich Deine Gefährtin sein oder Deine Sklavin? Begehrst Du mich oder liebst Du mich? Wenn Deine Triebe befriedigt sind, wirst Du mir danken? Wenn ich Dich glücklich gemacht habe, wirst Du wissen, wie Du mir das sagen kannst? Weißt Du, wer ich bin, und kümmert es Dich, das nicht zu wissen? Bin ich für Dich ein unbekanntes Wesen, das man sucht und von dem man träumt, oder bin ich in Deinen Augen eine Frau wie jene, die im Harem fetter werden? Ist in Deinen Augen, in denen ich einen göttlichen Funken zu entdecken glaubte, nichts als solche Lust, wie sie diese Art Frauen anstachelt? Kennst Du diese Sehnsucht der

Seele, die die Zeit nicht angreift, die kein Exzess tötet oder trübt? Wenn Deine Geliebte in Deinen Armen schläft, bleibst Du wach, um über sie zu wachen, zu Gott zu beten und zu weinen? Machen die Freuden der Liebe Dich atemlos und brutal oder erheben sie Dich zu einer göttlichen Ekstase?

ACH, KÖNNTE ICH MICH SELBST IN DIESES KUVERT LEGEN

Johanna von Puttkamer
an Otto von Bismarck

Stolp, Donnerstag früh (März 1847)

Ach, Du einziges, teures Herz, hast Du mich denn wirklich so sehr lieb und musst Dich so ängstigen um die alten Fieber – die mich doch gar nicht anfechten? – Otto, es tut mir schrecklich leid, dass Du in solcher Unruhe bist und mich *Jeanne la méchante – tigresse* usw. nennst, ich bin doch ganz unschuldig, habe Dir solchen langen Brief geschrieben, wie noch nie, und ihn Freitag früh nach Zuckers gesandt. [...] Ach, könnte ich mich selbst in dieses Kuvert legen – und Dir dann entgegenfliegen, Otto, um Dich zu streicheln, zu beruhigen und lieb zu haben – ach, wie sehr! – [...]

Geliebter, einziger Otto, wie gern hätte ich

Dir die trübe Stunde erspart, die Du meinetwegen gehabt, wie böse bin ich auf die Post, und mich, dass ich Dir von den Krankheiten schrieb! Dein Brief erfreute mich aber doch so unbeschreiblich, dass ich gestern lange nicht einschlafen konnte mit allen vielen Gedanken an Dich! – Mein ruhiger, vernünftiger Freund, der mich sonst immer so hübsch ermahnte und jeglichen Trübsinn verscheuchen wollte – ich bin's gar nicht gewohnt an Dir, liebe Dich aber – wenn's möglich ist – noch mehr, Otto, wenigstens danke ich Gott noch einmal so sehr für Deine Liebe und für Dein ganzes Herz – dem das meine so innig warm entgegenschlägt.

Deine Schlusslieder, Otto, wie danke ich Dir dafür, aber es ist recht, dass Du hinzusetztest: Seid fröhlich in Hoffnung, haltet an im Gebet. Das ist das Beste, und wir wollen nicht nachlassen. – Annchen bestreut mich mit Blumen und bittet, ich soll einige in diesen Brief legen mit ergebenen Empfehlungen von ihr. – Leb wohl, Du teuerstes Herz! – Schilt nicht mehr *Jeanne la méchante*, – ich bin und bleibe ja doch nur Deine

Dich unaussprechlich liebende Waldrose

DIE WEHMUT, IN DIE
ICH ZERSCHMOLZ

Karoline Richter
an Jean Paul

Montag, 10. Juni 1811

Mein geliebter Mensch!
Du wirst Dir die Freude vorstellen können, die ich bei dem Durchlesen Deines Briefes empfand – die Wehmut in die ich zerschmolz, als Du so freundlich so süß so liebend anredetest – Nie habe ich mich mehr gesehnt an Deiner gesegneten Brust zu ruhen als in dem Augenblick – wie ist es doch möglich, dass wir jemals harte Worte miteinander wechseln konnten, bei so viel Liebe! Guter himmlischer Mensch, ich fühle, dass ich nur mit Dir ein Ganzes ausmache, und dass Deine Stärke dazu gehört, um mich im Gewirr des Lebens aufrecht zu halten, von dem ich seit Deiner Abwesenheit so

viel empfunden habe, dass ich jeden Augenblick segne wo ich ein wenig ruhen und mich einsam niedersetzen kann.

Lange hab ich auf Deinen Brief gewartet, zuletzt täglich auf die Post geschickt – er ist vom Donnerstag und ich erhielt ihn erst am Sonntag – ich geriet in Angst, endlich glaubte ich am Sonnabend bestimmt, Du würdest zurückkehren und die Ordnung in Deiner Stube wurde im Ganzen eiligst hergestellt, so dass Du um 7 Uhr durch Weniges gestört worden wärest. Nun wusste ich nicht, was ich denken sollte. Gott sei gelobt, dass ich den Tag darauf erlöst wurde. Dass Du nicht ein Wort vom Tage Deiner Wiederkunft sagst, ist mir unbegreiflich; ich bitte Dich bei der Güte Deines Herzens, dass Du es mir ankündigst, damit ich meinem süßen Menschen gleich mit allen Bequemlichkeiten entgegenkommen kann, die ihm sein Haus wieder zum Liebsten machen können. Die 14 Tage werden bald abgelaufen sein und Du wirst doch nicht länger ausbleiben? [...]

MEIN VOLLES, VOLLES HERZ ERLEICHTERTE SICH DURCH TRÄNEN

Karoline von Dacheröden
an Wilhelm von Humboldt

Burgörner, 24. August 1788

Als Du fort warst, mein Wilhelm, war eine fürchterliche Leere in meinem Herzen und eine Angst, ein Gefühl der Verlassenheit, des Alleinseins, so dass es mich forttrieb aus der Gesellschaft, in der ich war, denn ich fühlte, dass ich der Einsamkeit bedurfte und dass ich mich verraten würde, wenn ich bliebe. Ich ging gedankenlos in den Garten und kam so unvermerkt in den schattigen Pappelgang – da besann ich mich, dass ich bei Deinem Kommen den Postillon hatte blasen hören und dass ich Dich würde sehen können. Ich blieb an einen Baum gelehnt stehen, und mein volles, volles

Herz erleichterte sich durch Tränen; so stand ich versunken in Erinnerungen und mannigfaltigen Gefühlen, bis mich das Blasen des Postillons aus dem wachen Traum ermunterte; wenige Augenblicke darauf sah ich Dich, o mein Wilhelm, Du rittest so schnell, so schnell – hättest Du wissen sollen, dass ich Dir nachsah, bis ich auch nicht das mindeste mehr entdecken konnte – doch es war recht gut, dass Du es nicht wusstest, es hätte Dich nur traurig gemacht. [...]

Lieber Bester! dass man so lieben kann, wie wir uns lieben, das ist doch des Himmels bestes Geschenk, ist aller Tränen des Schmerzes, aller Leiden wert. Nur in solcher Liebe fühlt man sich lebendig in allen Kräften seiner Seele, erhoben über die Schläge des Schicksals und näher dem Urquell ewiger Liebe! [...]

Ich trat einen Augenblick ans Fenster, so lieblich ging der Mond hinter dem Berge auf, meine Blicke hefteten sich gern auf ihn, auch sah ich den Wagen, ich sagte mir, wie Du vielleicht mit sehnendem Blick an beiden hingest; o mein Lieber, hätten sie Dir zuwinken können, wie ich so ganz Deiner dachte.

Ach, ich möchte, dass es morgen abend wäre, damit ich Dich wieder in Göttingen denken könnte – ich fürchte doch immer, das scharfe Reiten taugt nicht für Deine Gesundheit. […]

ICH WEISS SIE ALLE NOCH, DIE LIEBEN WORTE

Luise Nast
an Friedrich Hölderlin

Maulbronn, um Weihnachten 1788

O lieber Fritz! Da sitz' ich nun und habe fast alle Deine Briefe vor mir, das ist mein einziges Vergnügen, und da ist mir's so über alles wohl, bin so glücklich, wann ich allein sein kann, es ist schon wirklich 12 Uhr, und doch konnte ich mich nicht satt lesen, o es ist meine liebste Lektüre. Hast recht, er machte mir viele Sorge, Dein lieber Brief, ganze Nächte konnte ich nicht schlafen, und doch ist er mir so lieb, dass ich um aller Welt Schätze ihn nicht gäbe; o Dich haben, welche Seligkeit, und Fritz, noch so lange bis Ostern, noch so lange Dich nicht sehen, so lange von dem getrennt sein, der mein alles ist. Doch der Gedanke, dass Du mein bist, mein bleibst, nicht wahr, lieber Fritz? Auch jahrelang Trennung macht Dich nicht kälter gegen mich, o nein, Du bleibst der 1. Fritz, der Du warst bei Deinem letzten Besuch, ich weiß sie alle noch, die lieben Worte, tief sind sie in meinem Herzen, auch Du wirst sie noch zurückrufen können, diese seligen Freuden, auch ich bin manchmal so glücklich, mir sie vorträumen zu können, o und letzthin einen herrlichen Traum, den ich um alles nicht gäbe, Du standst oben, wo man ins Kloster geht, wirst es wohl noch wissen, ach vergangene Zeiten, wo ich Dich so oft sah, strecktest Deine Arme sehnend nach mir aus, Gott im Himmel, welcher Anblick, Deine schwarze Kutte, alles wieder wie vorher, ach, und es war ein Traum, sie sind entflohen, die glücklichen Zeiten, stummer Schmerz tritt an ihre Stelle, und warum dies alles, diese Klagen? Mein Fritz ist ja noch mein, er ist mir noch so treu wie hier, o er ist noch mein, auch mich soll nichts von Dir trennen, kein Unglück, kein Schicksal, nur Dich und eine Hütte, so schlecht sie ist – sie ist mein Königreich, o mit Dir sind auch dornige Wege mit Rosen bestreut [...] lieber Fritz, schreib nur recht viel, ich freue mich schon wieder auf nächsten Botentag, o es waren lange Feiertage, keinen Brief konnte ich nicht von meinem Fritz bekommen, leb' wohl, schlaf wohl, es ist schon recht spät, ewig

Deine Luise

WIR WOLLEN AN UNSERE LIEBE GLAUBEN WIE AN DIE SONNE

Luise von Gall
an Levin Schücking

Darmstadt, 17. März 1843

Es ist doch wunderbar, Levin, so fremd und so vertraut, so fern und so nah, so ungebunden und so innig verknüpft, so kurz die Bekanntschaft und so weit die Liebe! Wir haben uns beide schon so oft darüber verwundert, ich kann aber den Gedanken doch nicht von mir weisen, ein gütiger, unaussprechlich lieber und sorgender Vater hat uns, seine zwei armen verlassenen Kinder, zueinander geführt, dass wir eins dem anderen Trost und Glück bringen! Was mich so freut, ist, dass Du meiner Liebe so sicher bist! Wir wollen es auch nie machen wie andere Liebesleute und eins an dem anderen zweifeln, wir wollen an unsere Liebe glauben, wie an die Sonne. Oh, Levin, ich habe nie geglaubt, dass ich einem Wesen wie Dir begegnen würde, wenn ich auch geahnt, dass es solch ein Wesen gibt. Zuweilen kommt es mir vor, als müsste ich jetzt schon ganz zufrieden, ja glücklich sein, und dann geht es mir gerade wie Dir und ich finde, dass ich nichts habe als die Sehnsucht, Dich zu sehen. Wenn ich Dich nur sehe, ehe ich sterbe!

ICH SEHNE SIE IMMER HERBEI

Manon Balletti

an Giacomo Casanova

Paris, 1. September 1757
Donnerstag um Mitternacht

Ich bin in der größten Unruhe, mein lieber Casanova, nichts mehr von Ihnen zu hören; was ist aus Ihnen geworden? Wo sind Sie? Haben Sie uns vergessen? Lieben Sie Ihre arme kleine B... nicht mehr? Oh, Gott, wie beunruhigt ich bin! Ich hatte Sie in meinem letzten Brief gebeten, mir sobald als möglich zu schreiben, warum haben Sie es nicht getan? Haben Sie meinen Brief nicht erhalten? Oh, mein lieber Freund, hellen Sie diese Zweifel auf, oder ich sterbe. Ich hoffe, dass Sie diesen Brief empfangen werden. Ich schicke ihn Ihnen nach Dünkirchen, wo Sie, wie Sie mir sagten, sein sollen, und ich werde Ihnen mitteilen, dass ich das Mittel gefunden habe, Ihre Nachrichten direkt zu erhalten. Mein lieber Casanova, Sie müssen Ihre Briefe in einem Kuvert an die Obert richten; Sie können sich auf sie verlassen, da auch ich ihrer sicher bin. Wenn Sie mich lieben, so geben Sie mir so schnell als möglich Nachrichten von Ihnen; sie werden mir das Leben zurückgeben, und ich brauche sie wie einen Bissen Brot. Sie werden es mir sagen, ob Sie meine beiden Briefe erhalten haben, und wann Sie von dem Ort abreisen werden, wo Sie sind, weil ich, da mein armer jüngster Bruder abreisen wird, Ihnen nur schreiben werde, wenn Sie an einem Ort sein werden, wo Sie es gern sehen, dass man es weiß. Sie werden mir auch sagen, mein lieber Casanova, ob Sie mich immer lieben, ob Sie an mich auch so oft denken, wie ich an Sie denke. Ach, ich glaube, dass das gar nicht möglich ist; denn Sie verlassen nicht einen Augenblick mein Gedächtnis, ich sehne Sie immer herbei und sehe nur die Stunde, wo ich Sie wieder erblicken und Ihnen versichern kann, dass ich immer dieselbe bin und für Sie sein werde. Wie lang mir die Zeit erscheint! Wie mir die Abende langweilig und widerlich vorkommen! Welcher Unterschied zwischen jenen, die ich mit Ihnen verbrachte, oh, mein lieber Casanova, die schienen mir immer zu kurz, und die jetzigen dünken mich eine Ewigkeit. Wann werden Sie zurückkommen? Beschleunigen Sie diesen Augenblick, wenn Sie für mich noch immer diese Zärtlichkeit hegen, die Sie mir geschworen haben, und die mein Glück bilden wird, wenn Sie mir sie bewahren. Ich werde Ihrer Antwort entgegenschmachten, die ich sobald als möglich erbitte. Ich bitte Sie noch, Ihre Schrift ein wenig zu verstellen, wenn Sie die Adresse an die Obert richten, da es niemand im Hause gibt, der nicht Ihre Schrift kennt, und wenn man eine Adresse von Ihnen an unser Kammermädchen sehen würde, so würde das Verdachtsgründe schaffen, was man vermeiden muß ...

UND DANN VOR ALLEN DINGEN JA NICHT ZU FRÜH WIEDER WEGREISEN

Meta Moller
an Friedrich Gottlieb Klopstock

7. April 1752

Wie viele Briefe werde ich Ihnen noch schreiben, ehe ich Sie sehe, mein süßer Freund? Ach, wenn der liebe Mai doch nur erst da wäre! Aber kommen Sie mir auch nicht eher, als bis die Wege recht gut sind und das Wetter besser ist, auf dass Sie mir meinen Klopstock ganz gesund und wohl liefern. Und dann wollen wir uns recht, recht vergnügen. Aber Sie müssen auch ja so sein, als ich Sie haben will. Versprechen Sie mir das? Und dann vor allen Dingen ja nicht zu früh wieder wegreisen. Sie sollen nur sehen, wie schön es hier im Frühling ist. Aber was diesen Frühling für uns das beste ist, das empfinden Sie nicht so sehr als wir. Und was wird denn dieses Jahr uns hier den Frühling schön machen? – Ach, Klopstock, ich bin Ihnen doch recht von Herzen gut. Diese Nacht träumte mir, dass Sie hier waren. Das war schön! Ich bin so vergnügt, Klopstock, wenn ich an Ihr Kommen denke. Der Himmel belohne Sie dafür, dass Sie uns einige Stunden so erheitern. Und wenn Sie nun kommen, so will ich zusehen, ob ich meinen alten Gram, wenigstens auf die Zeit, ersticken kann. Tun Sie das auch, Klopstock. – Aber ich will daran nicht denken. Ich will so viel mir möglich ist, mich mit den Gedanken, den süßen Gedanken beschäftigen, dass ich meinen so lieben Freund nun bald sehen werde ...

NIMM ALLES IN DEINE LIEBEN HÄNDE

Paula Modersohn-Becker
an Otto Modersohn

Paris, 3. März 1903

Heute morgen erwachte ich in meinem Mahagonibett wie eine Braut, denn gestern abend beim Schlafengehen, als ich schon die Lampe gelöscht hatte, wurde mir noch Dein Brief hereingereicht.

Lieber, das war eine Seligkeit. Ich las alle Deine Worte ganz langsam, ein jedes für sich, und ließ sie sanft und lieblich über mich hinströmen und sonnte mich in ihnen und lachte über sie und freute mich in Dir.

Ja, mein König, Dir gehört mein All, Dir weihe ich es. Nimm alles in Deine lieben Hände. Und wenn der Frühling über unsern schönen Berg zieht, dann wollen wir uns in Liebe vereinen.

Lieber, mir war es wie Dir. Auch ich wollte nicht soviel von unserer Liebe schreiben, um uns die Trennung nicht so schwer zu machen. Nun ist es aber doch wunderschön, dass wir uns einmal zwischendurch alles Liebe gesagt haben, dann geht hinterher das Schweigen davon wieder viel leichter.

Weißt Du, ich spreche so oft von Dir, als ich nur kann. Mit Rilkes lässt sich das gar nicht so gut machen, die hören nur halb zu, die sind zu sehr mit sich selbst beschäftigt. Da erzähle ich nun meinem Garçon, der aus der Bretagne ist, viel von Dir und was Du für schöne Bilder maltest. Neulich wollte ich ihm besonders imponieren und zeigte ihm Dein Bild in der Monographie. Da fand er Dich aber gar nicht schön. Da wurde ich ärgerlich und sagte: Du hättest einen roten Bart und das andere Gesicht sähe so fein dazu aus. Und für mich selbst dachte ich in Stille und Innigkeit an Deine lieben Hände und an Deine Seele. Davon sprach ich ihm aber nicht, denn ich merkte doch, dass ich an die falsche Adresse gekommen war, und hatte ein etwas verächtliches Gefühl gegen ihn.

Und wie ist es mit Deiner Reise? Ich will Dich in keiner Weise bestimmen, aber diese farbigen Zeichnungen Rodins wären, glaube ich, auch für Dich ein großes Erlebnis. Zu sehen, wie weit man gehen kann, ohne sich um das Publikum zu kümmern. Weißt Du, es ist ein ähnlicher Mut, wie ihn Rembrandt seinerzeit in seinen Radierungen ausgesprochen hat.

DU BIST NICHT AUS EIS, SONDERN EINE FRAU

Radclyffe Hall
an Evguenia Souline

Pont-Royal Hotel, Paris
27. Juli 1934

Meine Liebste, nachdem du gestern Abend gegangen warst, war ich viel zu fertig, um viel zu empfinden. Es war, als hättest du meine Kraft mitgenommen und nur eine leere Hülle zurückgelassen, und ich schlief vor lauter Erschöpfung ein. Soulina, ich schlief, wie ich nur einmal in meinem Leben nach einem schrecklichen Kummer geschlafen habe. Die Natur weiß ganz genau, wann wir an unsere Grenzen kommen, und wenn der Punkt erreicht ist, greift sie ein und rettet uns aus ihren eigenen Beweggründen. Gott allein weiß, welche das sein mögen – sie sind uns in dem Augenblick immer verborgen.

Aber jetzt bin ich wach, ganz schrecklich wach. Ich erwachte, noch bevor es hell war, und deine letzten Worte hämmerten mir im Herzen: »Ich kann nicht glauben, dass ich dich jetzt zum letzten Mal sehe!« Heute wird ein Tag tiefen Schmerzes sein, und ich werde wegen dir gequält, und diese Qual ist nur noch teilweise sinnlicher Natur; sie ist viel dauerhafter und unmöglicher zu heilen, meine Süße, denn es ist die Qual der Zärtlichkeit und der Sehnsucht nach dir und des Wunsches, dir zu helfen – Sehnsucht, dich in meine Arme zu schließen und dich unschuldig, behutsam zu trösten wie ein kleines Kind und dir lauter kleine Liebesworte zuzuflüstern, die nichts mit dem Körperlichen zu tun haben. Und danach würde ich mir wünschen, dass du ein bisschen schläfst, den Kopf auf meiner Brust, Soulina, und dann würde ich dich wecken und froh sein, weil ich neben dir liege und du meinen Leib berührst, der sich verzehrt nach deinem Leib und doch so gezügelt und bezwungen ist durch mein Mitgefühl, so dass mein ganzes Selbst sich mit Freuden in Tränen auflösen und zu einem Glas kalten Wassers werden möchte, das du trinken kannst. [...]

Der Gedanke an deine Einsamkeit verfolgt mich, das Bewusstsein, dich allein zu lassen, und meine Befürchtung, du könntest dich beunruhigen und krank werden oder etwas Unbesonnenes tun, denn du erschienst mir jünger als du bist, und du hast niemanden, mit dem du sprechen könntest, dir Rat und Hilfe holen könntest in deiner Not, und dieser Gedanke macht mich verrückt. Aber ich werde nicht verrückt werden, sondern um deinetwillen sehr vernünftig bleiben, damit ich dir jederzeit helfen kann. [...]

Soulina, um meinetwillen: Lass dich nicht von den Sorgen krankmachen! Oh Gott, Soulina, pass auf dich auf. Solange wir beide in der Welt sind, gebt es Hoffnung – und sicher, ganz sicher werden wir uns wiedersehen.

Während ich dies schreibe, ist dein Brief angekommen, ein schöner Brief. Es ist, als hätte ich den Felsen mit dem Stab meiner Liebe berührt, und endlich, endlich ist der Quell hervorgebrochen, aus deinem Herzen in meines, Geliebte. Aber unsere Wege haben sich nicht getrennt – dies ist kein Abschied. Etwas sagt mir, dass dies alles geschehen musste, dass wir uns wiedertreffen sollen, dass unsere Liebe dauern wird und dass unser gegenseitiges Verlangen der einen für die andere nur der körperliche Ausdruck von etwas ist, das unendlich viel dauerhafter ist als unsere Körper. Soulina, dir geht es doch genauso? Warum sonst hätte ich dich gehen lassen können, selbst als du zu mir kamst – ich, die ich dich so sehr brauchte und die es dir unmöglich hätte machen können, zu widerstehen, ich hätte es fertiggebracht, mir nicht länger zu widerstehen. Denn du bist nicht aus Eis, sondern eine Frau – das weiß ich sehr wohl, meine kleine Jungfrau ...

UND ICH WERDE IN TRÄNEN AUSBRECHEN

Rosa Luxemburg
an Leo Jogiches

Paris, 5. April 1894

Ich möchte zu Dir, ich kann nicht weiter. [...] Dziodziu, wann ist endlich Schluss damit – ich beginne die Geduld zu verlieren, nicht um die Arbeit geht es mir, nur um Dich! Warum bist Du nicht zu mir hergekommen! Damit ich Dich hier bei mir habe – dann würde mir gar keine Arbeit Sorgen machen. Heute bei den Adolfs habe ich mitten in den Besprechungen und Vorbereitungen für die Proklamation plötzlich so eine Müdigkeit in mir gespürt und solche Sehnsucht nach Dir, dass ich fast aufgeschrien hätte. Ich habe Angst, dass mich mit einem Male der alte Teufel packt (der von damals in Genf und in Bern) und mich plötzlich – zur Gare de l'Est führt ...

Um mich zu trösten, stelle ich mir vor, wie die Lokomotive pfeift ... und ... ich zu Dir fahre. Ach Gott, mir scheint, dass mich von diesem Augenblick mehr als die ganze Gebirgskette der Alpen trennt. Dziodziu, und wie ich in Zürich einfahren werde und wie Du auf mich warten wirst und wie ich schon aus dem Wagen herauskrieche und zum Bahnhofseingang laufe und Du wirst im Gedränge stehen und Du wirst mir nicht entgegenlaufen dürfen, sondern ich werde zu Dir gelaufen kommen!

Aber wir werden uns nicht gleich küssen, nein, nichts, das verdirbt es nur, das sagt ganz und gar nichts. Wir werden nur schnell nach Hause gehen und uns so ansehen und uns anlächeln. Und zu Hause – da setzen wir uns auf das Sofa und umarmen uns und ich werde in Tränen ausbrechen – so wie jetzt.

BEGEHREN

ÜBERFLIESSEND VOR VERZWEIFELTER LIEBE

Anaïs Nin
an Henry Miller

Wenn Du nachdenklich und ergreifend bist, verliere ich den Verstand. Für eine Nacht mit Dir würde ich mein Leben fortwerfen, Hunderte Menschen opfern, ich würde Louveciennes niederbrennen, wäre zu allem fähig. Das sage ich nicht, um Dich zu beunruhigen, Henry, nur, weil ich mich nicht zurückhalten kann, es mal zu sagen, weil ich überfließe vor verzweifelter Liebe zu Dir, den ich mehr liebe als sonst jemand zuvor.

ICH MÖCHTE MIT DIR SO WILDE DINGE TUN

Anaïs Nin
an Henry Miller

Achensee, 6. August 1932

Oh, Henry, Dein Brief heute morgen erregte mich so. Als man ihn mir gab, überwältigten mich all die künstlich aufgestauten Gefühle. Allein schon die Berührung des Briefes war, als hättest Du mich in Deine Arme genommen. Du weißt jetzt, was ich beim Lesen empfand. Du hast alles geschrieben, was mich rühren und für Dich gewinnen konnte, und ich war *feucht* und bin so ungeduldig, dass ich *alles* tue, um einen Tag zu gewinnen. Die beigelegte Notiz, die ich Dir gestern abend schrieb, zwei Stunden nach dem Absenden meines Briefes, wird Dir helfen zu verstehen, was sich hier tut. Außerdem musst Du das Telegramm fast gleichzeitig erhalten haben. Ich gehöre Dir! Wir werden eine Woche verleben, wie wir sie uns nie erträumt haben. »Der Thermometer wird platzen.« Ich möchte wieder das heftige Pumpen in mir spüren, das rasende, glühende Blut, den langsamen, liebkosenden Rhythmus und das plötzliche heftige Stoßen, die Raserei in den Pausen, in denen ich Regentropfengeräusche höre ... wie es in meinen Mund schießt, Henry. Oh, Henry, ich kann es nicht ertragen, Dir zu schreiben – mich verlangt verzweifelt nach Dir, ich möchte die Beine weit öffnen, ich schmelze und zucke. Ich möchte mit Dir so wilde Dinge tun, dass ich nicht weiß, wie ich sie sagen soll.

DIE BEGIERDE MEHR
ALS DIE ZÄRTLICHKEIT TRIEB
MICH IN DEINE ARME

Héloise
an Peter Abaelard

um 1120

Teurer, Teurer, Du weißt es, und keinem ist es unbekannt, dass ich alles verlor, indem ich Dich verlor; das abscheuliche Verbrechen, das Dich meiner Zärtlichkeit raubte, hat mich auch mir selbst geraubt; aber indem ich Dein gedenke, erlischt die Größe meines Verlustes noch in dem unvergleichlichen Schmerz, den ich fühle, Dich auf solche Weise verloren zu haben. Je quälender mein Schmerz ist, desto mehr fordert er gründlichen Trost. Und nicht von einem andern erwarte ich denselben, sondern von Dir, damit aus der Quelle meiner Leiden auch die Wohlfahrt der Heilung fließe. Du allein kannst mich betrüben, Du allein mich freudig machen oder mein Leid einschläfern. Du allein bist dazu verpflichtet; denn ich habe, ich kann es sagen, das Maß Deines Willens erfüllt, und anstatt in Dir in was es auch immer sein möge, zuwider zu handeln, habe ich den Mut gehabt, mich selbst zu verderben, um Dir zu gehorchen. Ich bin noch weitergegangen, und durch eine wunderbare Anstrengung hat meine Liebe sich in ihrem Wahnsinn dahin verirrt, dass sie ohne alle Hoffnung auf Wiedervergeltung den einzigen Gegenstand ihrer glühenden Wünsche opferte. [...]

Niemals, Gott weiß es, habe ich etwas anderes in Dir gesucht, als Dich selbst. Du warst es, Du allein, nicht Deine Güter, die ich liebte. Ich habe mich weder um die ehelichen Rechte, weder um meine Freuden noch um meinen Willen gekümmert; Dein Wille war es, Du weißt es wohl, den ich mir angelegen sein ließ zu befriedigen. [...]

Die Begierde mehr als die Zärtlichkeit trieb mich in Deine Arme, das heiße Blut mehr als die Liebe. So wie einmal Deine Triebe befriedigt waren, verschwanden alle Deine leidenschaftlichen Bewerbungen. [...]

In den verzauberten Stunden unserer Liebesentzückungen konnte man zweifeln, ob ich mich dem Triebe meines Herzens oder dem Instinkt des Genusses hingab. Jetzt erklärt das Ende den Anfang. Ich habe meine Sinne mit dem Bannfluch belegt, um Deinem Willen zu gehorchen. Mein ganzer Ehrgeiz war, so und vor allem Dein Eigentum zu werden. Wie groß ist also Deine Ungerechtigkeit, wenn, wie die Opfer sich vermehren, die Dankbarkeit sich vermindert, ja sogar ganz erlischt, besonders wenn etwas so Leichtes von Dir verlangt? Ach, ist denn das zuviel?

Noch einmal, erinnere Dich Deiner Pflichten, bedenke, was ich verlange, und ich ende diesen langen Brief mit einem kurzen Schluss:

Lebe wohl! Du bist mein Alles!

ICH LIEBE DICH WIE EINE LEIDENSCHAFTLICHE FRAU

Juliette Drouet
an Victor Hugo

1833

Wenn Du wüsstest, wie ich mich nach Dir sehne, wie die Erinnerung an vorige Nacht mich in einen Freudentaumel stürzt und mit Wünschen erfüllt. Wie gern möchte ich mich in Ekstase Deinem süßen Atem und Deinen Küssen hingeben, die mir so viel Glück schenken!

17. Februar 1836

Ich liebe Dich wie die Löwin ihren Gefährten liebt. Ich liebe Dich wie eine leidenschaftliche Frau, die bereit ist, bei der geringsten Geste ihr Leben aufs

Spiel zu setzen. Ich liebe Dich mit der Seele und dem Verstand, die Gott seinen Geschöpfen verliehen hat, um außergewöhnliche Menschen wie Dich bewundern zu lassen. Darum, mein herrlicher Victor, kann ich im selben Moment rasen, weinen, kriechen und aufrecht stehen. Ich beuge mein Haupt und bete Dich an!

MIR IST, ALS WÜRDE ICH MICH NIEMALS AN IHNEN SATT SEHEN

Marie Gräfin d'Agoult
an Franz Liszt

Genf, 31. Mai 1836

Ich weiß nicht, ob Sie dieser Brief noch erreichen wird, was macht's, ach, welche Ewigkeit dauert diese Reise! Aber es musste sein, und ich betrachte es als ein Glück, dass wir nichts vorher gewußt haben, denn niemals, niemals hätte ich den Mut dazu aufgebracht.

Ich werde versuchen, es so einzurichten, dass wir in den ersten Tagen niemand sehen. Mir ist, als würde ich mich niemals an Ihnen satt sehen. Ach, wenn Sie wüssten, wie schwer es mir wird, nicht zu verzweifeln.

Aber Sie lieben mich so sehr und ich fühle es so gut, was kann ich im Himmel und auf Erden anderes verlangen als Sie! Leben Sie wohl, ich küsse Sie aus tiefster Seele!

DU BIST DURCH DIESE ZAUBEREI DER LIEBE MEIN EIGEN

Sophie Bernhardi-Tieck
an August Wilhelm Schlegel

Berlin, August 1801

Ich war in den letzten Tagen in einem fieberhaften Zustand. Diese gewaltsame Spannung hat nun nachgelassen und ich fühle mich recht herzlich krank und matt. Ich habe es selbst nicht geglaubt, dass ich so ganz Dir angehöre, alle meine Gedanken sind unwillkürlich an Dich gerichtet, mich verzehrt die heiße Sehnsucht, Dich wiederzusehen [...] Verzeih, dass dieser Brief so unglaublich töricht wird, ich weiß Dir nichts zu schreiben, als dass Du mir über allem Ausdruck teuer bist, alle anderen Gedanken sind mir erloschen. Lieber Wilhelm, teurer Freund, vergiss mich nicht, darum beschwöre ich Dich mit heißen Tränen, denke nie mit Kälte daran, wie ich mich Dir so ganz ohne Rückhalt hingegeben habe, wie ich in Deinen Armen Schutz suchte gegen manches Leiden was ich noch empfinde, wie ich an Deiner Brust Trost fand für so manche bitter verlebte Stunde.

Du darfst, Du kannst mich nicht vergessen, die Leidenschaft in meinem Herzen muss Dich gewaltsam zu mir ziehen. Du bist durch diese Zauberei der Liebe mein eigen. Lieber, lieber Wilhelm, könntest Du jemals vergessen, dass Du der erste, der einzige Mann bist, dem sich mein ganzes Herz entgegenneigt, dem ich mich mit ganzer Seele ergebe. Ich bin nicht schön und reizend, dass ich Dich könnte alle schönen Frauen vergessen machen, und wäre ich es, so könnte ich Dein Vergessen nicht belohnen [...] Fasst Dich wohl einmal so die heftige Sehnsucht, wie mich, dass Du die Arme nach dem Wind ausstrecken möchtest! [...] Ich beschwöre Dich, habe mich nicht mit halbem Herzen lieb! O komm, geliebter Freund, dass ich alle meine Schmerzen an Deinem Herzen vergesse!

VERSPRECHEN

WIR WERDEN SO OFT
WIE MÖGLICH
BEISAMMEN LIEGEN

Anaïs Nin
an Henry Miller

Louveciennes, Sonntag, 9. April 1932

Hör zu, ich habe meine Fähigkeit zum »Glücklichsein« wiedergefunden. Das Wissen um die Gefahr, die meinem Glück drohte [...] quälte mich anfangs. Ich bin mir ihrer heute noch genauso bewusst, aber ich habe mehr Mut, oder vielmehr, ich kümmere mich nicht um das Morgen oder irgendeine Zukunft, nur um das *Heute*, und genieße intensiv, was wir *heute* haben, Henry. Henry, wir werden *alles* auskosten, was wir einander geben können, bevor June kommt, schnell, heftig – wir werden sooft wie möglich beisammen liegen. Alles ist zerbrechlich, aber für jeden Tag, der mir dies gewählt, bin ich dankbar, dankbar! Ich weiß nicht, warum ich oft an den Dienstag denke. Vielleicht ist es falsch, dass ich so austernhaft sein möchte und so hartnäckig an meinen Schalen festhalte – Nataschas Atelier ist eine meiner Austernschalen. Ja, ich komme gern nach Clichy, und ich sitze gern in der Küche mit Dir und Fred und all den Büchern auf dem Tisch. Wenn Du mich bittest, komme ich am Dienstag nach Clichy!

DU HAST MIR SOLCHE
FREUDEN GESCHENKT

Anaïs Nin
an Henry Miller

Louveciennes, 8. September 1832

Ich weiß nicht, was mit mir los ist, Henry. Ich bin so *selig*. Ich bin fast wahnsinnig – arbeiten, Dich lieben, schreiben und an Dich denken, unsere Platten spielen, im Zimmer tanzen, wenn meine Augen müde sind. Du hast mir solche Freuden geschenkt, dass gleichgültig ist, was jetzt geschieht. Ich bin bereit zu sterben – und bereit, Dich mein ganzes Leben lang zu lieben!

MEIN INNERSTES FLÜSTERT ES IHNEN EWIG ZU

Clara Wieck
an Robert Schumann

Leipzig, 15. August 1837

Nur ein einfaches »Ja« verlangen Sie? So ein kleines Wörtchen – so wichtig! doch – sollte nicht ein Herz, so voll unaussprechlich liebe wie das meine, dies kleine Wörtchen von ganzer Seele aussprechen können? Ich tue es und mein Innerstes flüstert es Ihnen ewig zu.

Die Schmerzen meines Herzens, die vielen Tränen konnt ich das schildern – o nein! – Vielleicht will es das Schicksal, dass wir uns bald einmal sprechen und dann – Ihr Vorhaben scheint mir riskiert, doch ein liebend Herz achtet der Gefahren nicht viel. Also abermals sage ich »Ja!« Sollte Gott meinen achtzehnten Geburtstag zu einem

Kummertag machen? O nein, das wäre doch zu grausam. Auch ich fühle längst, »es muss werden«, nichts in der Welt soll mich irre machen, und dem Vater werd ich zeigen, dass ein jugendliches Herz auch standhaft sein kann.

Sehr eilig

Ihre Clara

EIN UNBEGRENZTES VERTRAUEN HAB ICH ZU DIR

Clara Wieck
an Robert Schumann

Sylvester 1839

Dein Neujahrskuss lass Dir geben, mein geliebter Robert, mit welchen Gefühlen ich das neue Jahr betrete, kann ich Dir nicht sagen, es sind freudige aber auch ernste. Ich soll Dir nun bald ganz angehören, das erregt mich freudig, mein ganzes Lebensglück liegt dann aber auch in Deiner Hand. Ein unbegrenztes Vertrauen hab ich zu Dir, Du wirst mich ganz beglücken. Aber auch ich will Dir immer von ganzer Seele ergeben sein, mein ganzes Sinnen und Trachten ist ja Dein Glück. Gib mir Deine Hand, mein Robert, treu will ich mit Dir durchs Leben gehen, alles mit Dir teilen, und, kann ich es, Dir auch eine gute Hausfrau sein. Ach! Ich liebe Dich ja so innig, so ganz unendlich! Bald Dein glückliches Weib,

Deine Clara

FORTAN GEHÖRE ICH GANZ UND GAR DIR

Elizabeth Barrett
an Robert Browning

Und nun höre Du mir einmal zu. Du hast mich tiefer berührt, als ich glaubte, dass sogar Du mich berühren könntest – mein Herz war voll davon, als Du heute kamst. Fortan gehöre ich ganz und gar Dir.

GERADE JETZT BIN ICH ABSOLUT KEUSCH UND REIN

Helene Dimitriewna Diakonowa, genannt Gala
an Paul Eluard

Verachte und beleidige mich, aber nicht meine Liebe […]. Ich habe nur meine Liebe, (die Sehnsucht) dass du mich ganz besitzt. Es gibt in meinen Gedanken oder Ideen nichts Unreines, weder in Wirklichkeit noch in meinem Leben und meinen Gefühlen. Wenn ich alles mit dir tue, sogar »seltsame Dinge«, bin ich sicher, dass alles sauber, schön und richtig ist, weil ich dich liebe.

Gerade jetzt bin ich absolut keusch und rein. Ich habe nichts getan, was dir missfallen könnte, keine Geste, keinen Gedanken, keine Bewegung, kein Wort. […] Ich verberge nichts vor dir. Mein Leben ist klar, und alles, was ich tue, ist für dich.

Frage deine Mutter, wenn du irgendeinen Zweifel hegst. Ich kenne niemanden (in Paris) und von meinen (Französisch-)Stunden abgesehen, gehe ich auch nicht aus. Briefe erhalte ich von niemandem sonst als von meinen Eltern.

ALLES FEUER UNSERER LEIDENSCHAFTEN

Héloise
an Peter Abaelard

Dein Bild ist in meinem Zimmer. Ich gehe nie daran vorbei, ohne anzuhalten und es zu betrachten; wärst Du bei mir, würde ich ihm keinen Blick gönnen. Wenn ein Bild, das doch nur ein stummer Vertreter einer Sache ist, solche Freude spenden kann, was können dann nicht Briefe auslösen? Sie haben Seelen, sie können sprechen, sie tragen alle Kraft in sich, das Herz hinüber zu ziehen, sie haben alles Feuer unserer Leidenschaften.

UND ALLE ZÄRTLICHKEITEN
AN DICH VERSCHWENDE

Henriette von Willich
an Friedrich Schleiermacher

5. März 1809

Die stille einsame Abendstunde soll wieder Dir geweiht sein, mein Geliebter. Mir ist heute das Herz so voll und weit, ich habe recht nach dem Genusse geschmachtet mit all meiner Liebe zu Dir zu kommen, meiner Trauter! [...]

Wie reich bin ich gestern geworden – zwei Briefe auf einmal – nun fühle auch recht, wie innig ich mich an Dich schmiege, und in den Küssen die alles sagen und alles geben, Dir zu erkennen gebe, dass ich Dir den Scherz von neulich verziehen habe und dass ich Dein bin – o so ganz, wie sich's nicht aussprechen läßt. Du Süßer, ich denke, ich werde es mir schon gefallen lassen, wie Du's Küssen treiben wirst. Ist doch Dein Liebkosen so recht nach meinem Herzen, so warm, so lebendig, so zart. [...]

Denke es Dir nur recht, Herzens-Mann, wenn wir erst bei einander sitzen werden, und ich in Dich verloren, mich an Deinem Anschauen weide – und Auge in Auge immer tiefer, bis ich es nicht mehr aushalten kann, sondern in voller Begeisterung Dir um den Hals falle und alle Zärtlichkeiten an Dich verschwende, du süßer, Einziger! [...]

Leb wohl, auf das zärtlichste umarmt, und wisse ohne Worte nun alles, was in meinem Herzen ist.

JE MEHR SICH DEINE SEELE
VOR MIR ENTFALTET

Karoline von Dacheröden
an Wilhelm von Humboldt

Erfurt, 14. April 1790

O mein Wilhelm, wie süß ist es, von diesen Betrachtungen auf Dich zurückzukommen – wie verschwanden alle diese Besorgnisse bei dem ersten Blick in Dein einzig schönes, großes Herz! Teures Wesen, wie knüpft jeder Gedanke meiner Seele mich fester an Dich, wie bringt jeder Augenblick Nachdenkens über Dich mein Wesen dem Deinen in dem Maße näher, als es mich von jedem andern entfernte, den ich mir in diesem Verhältnis dachte. Je mehr sich Deine Seele vor mir entfaltet, je mannigfacher die Gestalten werden, unter denen mir Dein liebes Bild erscheint, je verwandter fühl ich Dein Wesen dem meinen, und mit dem reinen

Entzücken, für das die Sprache keinen Ausdruck hat, sehe ich durch Dich den leisen Wünschen und Träumen meines Herzens Wahrheit und Dasein gegeben. O Wilhelm, Wilhelm, wie oft werde ich noch weinen an Deinem Busen im Übermaß meines Glücks! Ewige Güte, mit was verdient ich dieses Los! O auch das ist zu süß zu fühlen. dass es unverdient ist, der leiseste Anspruch risse aus diesem himmlischen Drang die lieblichste Blume – mein teurer Mann, so nimm mich, so möge ich Dir still blühen am Herzen, alles, alles ewig dankend der Liebe.

VERSPRICH MIR, MICH NIMMER ZU VERLASSEN

Karoline von Günderrode
an Friedrich Creuzer

Lass keine Zeit, kein Verhältnis zwischen uns treten. Den Verlust Deiner Liebe könnte ich nicht ertragen. Versprich mir, mich nimmer zu verlassen. O, Du Leben meines Lebens, verlasse meine Seele nicht […] Du bist mein über allem Schicksal. Es kann Dich mir nicht mehr entreißen …

DIE LIEBE HAT MICH GANZ UND GAR IN BESITZ GENOMMEN

Katherine Mansfield
an John Middleton Murry

Ende 1915

Ich habe Dich drei Jahre lang mit meinem Herzen und in meinen Gedanken geliebt, aber mir will scheinen, ich habe Dich nie *avec mon ame* geliebt, wie ich es jetzt tue. Ich liebe Dich mit all unserer Zukunft - unserem gemeinsamen Leben, das eben jetzt Wurzeln getrieben hat und in der Sonne gedeiht. Nicht ich liebe Dich: Die Liebe hat mich ganz und gar in Besitz genommen. Liebe zu Dir & unserem Leben & all unseren Schätzen & unserer Freude. Ich habe nie zuvor etwas Vergleichbares gefühlt. Ich habe mir nicht einmal vorgestellt, dass so etwas möglich sei. Mir scheint, ich spielte nur am Rande der Liebe [...] O meine Seele, wenn Du nun kommst, werden wir etwas verwirklichen, das noch nie da gewesen ist, solche Glut, solche Schätze, solche Kräfte ruhen in uns.

Anfang Februar 1918

Diese Gegend ist so durchdrungen von unserer Liebe, dass jeder Spaziergang zu einer bewegenden Pilgerfahrt wird. Da ist die Villa ... hier das Feld, wo wir Anemomen pflückten, dort die Mauer, wo sich die Eidechse sonnte [...] Auf dem Rückweg ging ich an der Villa Pauline vorbei und sah über der Mauer schon die Geranien in Knospen und Blättern. Natürlich ging ich hinein, und während Du den Teekessel aufsetztest, holte ich die geblümten Tassen aus dem Schrank [...] Es ist meine Liebe zu Dir, die allem was ich hier schreibe, den süßen Anhauch verleiht.

ICH WERDE NIE
MIT LEEREN HÄNDEN
VOR DIR STEHEN

Lilly Wust
an Felice Schragenheim

Juni 1943

Mein bisheriges Leben war, weiß Gott, nicht liebeleer. Aber leer von Leben, richtigem Leben. Ich habe jahrelang umsonst gelebt, das Leben vertan. Und dazu ist es nicht da. [...] Ich werde nie mit leeren Händen vor Dir stehen. Ich werde Dich umsorgen, Dir, wo es auch sei, Heimat sein und Heim und Familie: Alles das, was Du nicht hast, das will ich Dir geben. Und ich weiß, dass ich dazu berufen bin, Dich glücklich zu machen.

OH WIE WERDE ICH DICH BUSSELN

Mileva Maric
an Albert Einstein

Zürich, Mai 1901

Liebstes Schatzerl!
Jetzt habe ich auch schon Dein zweites Brieferl erhalten und bin so glücklich, über alle Maßen. Wie lieb Du bist, oh wie werde ich Dich busseln, ich kann das Ende der Woche gar nicht erwarten, bis Du kommst. Ich glaube, ich bete zum Peterli, dass er dem Herrn Besso einen glücklichen Gedanken einblast. – Solltest Du am Samstag kommen, wirst Du vielleicht bei uns schlafen können, da Eine am Freitag verreist, ich werde Frl. Engl bitten, sie tut es mir schon, wenn es geht. Bis dahin will ich nun recht fleissig sein, um mich dann ganz mit Dir freuen zu können – Gotterl wie wird da die Welt

schön aussehen, bis ich Dein Weiberl bin. Du wirst sehen, es wird kein glücklicheres Weibchen geben auf der ganzen Welt, und dann muss das Manderl auch so sein.

Leb wohl mein süsses Schatzerl und komm recht lustig Ende Woche zu Deinem

Weiberl

DIR VERDANKE ICH DIE
ENTDECKUNG DER LIEBE

Sarah Bernhardt
an Jean Mounet-Sully

Januar 1873

Laß das Stirnrunzeln und sei mir nicht allzu böse, mein Geliebter. Ich habe meinen kleinen Sohn nach Paris mitgenommen, weil er heute morgen Fieber hatte. Ich hoffe, es ist nichts, nichts Ernstes, aber ich bin eben in erster Linie Mutter.

Das verstehst du doch sicher. Du weißt, daß es die Wahrheit ist, Liebster, und daß es im Leben Dinge gibt, die man niemals als Vorwand anführen würde, nicht einmal einer Kaprice wegen. Süßer Geliebter, sei nicht böse. Laß mich lieber von der närrischen Zärtlichkeit sprechen, die ich für Dich empfinde. Laß mich Dir sagen, daß ich Dich liebe, mit der ganzen Kraft meiner Seele, daß mein

Herz Dir gehört und daß ich beinahe glücklich bin; daß ich nun vielleicht das Leben lieben werde, weil ich die Liebe liebe oder vielmehr, weil ich nun weiß, was Liebe ist!

Habe ich Dir schon von meinen fiebrigen Liebes-Anwandlungen erzählt und von den enttäuschten Hoffnungen, von meiner unermüdlichen Suche, die immer wieder ins Leere führte, ins Nichts; von meinen Tränen der Wut, meinen ohnmächtigen Schreien und meiner wahren und tiefen Verzweiflung? Dir verdanke ich die Entdeckung der Liebe, und es ist nicht nur eine Liebe, die ich bei jemandem wachrufe, sondern eine Liebe, die auch die meine ist, die ich in mir spüre. Ich bin so unerhört glücklich, endlich zu lieben! Dich zu lieben, Dich! Du kannst Dir nicht vorstellen, wie dankbar ich dafür bin! Möge Dir meine Liebe eines Tages Beweis dafür sein. Liebe mich, ich bitte Dich, hab mich lieb! Laß Dein Herz an meinem Herzen sein, laß meine Traurigkeit und meine Zweifel an Deiner mitfühlenden Seele dahinschmelzen, öffne mir Dein Sein und laß mich eintreten und eins mit Dir werden, und empfange mit diesem aus Erinnerungen und Hoffnungen gewebten Kuß all das, was das Herz einer Frau an Schönheit und Poesie zu geben weiß.

Ich liebe Dich, das ist die Wahrheit, ich liebe Dich mit ganzer Seele. Ich lege meine Arme um Deinen Kopf und meine Lippen auf die Deinen, alle Liebesworte raunend, die Du je gehört hast.

Die Deine.

          Sarah Bernhardt

NIE, NIE MEHR
WERDE ICH BÖSE SEIN

Sarah Bernhardt
an Jean Richepin

1884

Ja, ja, ich war gestern böse. O, wie ich wegen des Bösen in mir weine. Wie bereue ich die schlimmen Worte, an die Du nun denkst, wo Du allein bist. O, mein angebeteter Liebster, mein geliebtes Ideal, mein Herrscher, denk nur an die lieben, sanften Worte, die ich Dir sagte, Du Fürst meiner absoluten Leidenschaft, meiner Verehrung, meiner Anbetung. Ich bin nicht länger stolz. Ich bin gezähmt! Ich liege Dir zu Füßen, gehorsam und bußfertig. Nie, nie mehr werde ich böse sein.

ICH GLAUBE, ICH WERDE DARAN STERBEN

Sophie Dorothea von Hannover
an Philipp Christoph von Königsmarck

Hannover, um 1690

Ich habe eine Leidenschaft, die die ganze Freude und das ganze Glück meines Lebens ausmacht, die einzige, die ich, wie ich behaupten kann, je gefühlt habe und die mit mir sterben wird. Ich weiß nicht, wie es möglich ist, so zu lieben, wie ich es tue. Meine Zärtlichkeit wächst, scheint mir, mit jedem Augenblick. Sie dient nur dazu, mich jetzt unglücklich zu machen, denn ich bin gleichgültig gegen alles andere in der Welt und beständig in Furcht und Aufregung, die meine Ruhe stören. Ich fürchte immer, dass die Trennung mir bei Ihnen schadet; aber Sie müssten sehr undankbar sein, wenn Sie fähig wären, mich zu vergessen, denn Sie werden niemals bei einer Frau so viel Liebe, Treue und Hingebung finden, als ich sie mein Leben lang für Sie haben werde. [...]

Ich bin sehr ärgerlich, dass ich Sie nicht sehen kann, und Sie haben wirklich allen Grund, zu sagen, dass es höchst unbequem ist zu lieben, wenn man getrennt ist. Ich empfinde es alle Tage, aber ich hoffe, mich für alle meine Qualen zu entschädigen, und wenn ich Sie erst einmal in meinen Armen halte, so müssen Sie sehr geschickt sein, wenn Sie mir entschlüpfen wollen. Wenn ich an den Augenblick denke, wann ich Sie wiedersehen werde, so bin ich in einem Freudenrausch, den nur der empfinden kann, der so liebt wie ich. Ich glaube, ich werde daran sterben; möge es Gott gefallen, es wäre so!

Ach, welches Entzücken, Ihnen zu zeigen, dass meine Zärtlichkeit jede andere übertrifft und dass ich Sie anbete. Ich werde Sie zu dem Geständnis zwingen, dass die Ihrige die meinige nicht erreicht, und Sie werden sich schämen müssen, so sehr geliebt zu werden und nicht ebenso wiederlieben zu können.

ICH BIN TREU,
WIE ICH ES NIE WAR

Sophie Mereau
an Clemens Brentano

1804

O Du Ungeheuer, Genie, Bösewicht, Lügner, Verleumder, Räuber, Schriftsteller, Komödiant – ach, Du Teufel – ich bin außer mir, ich sterbe, ich bin schon tot. Betraure mich, weine ein paar verführerische Tränen, um damit das Lächeln eines weichfühlenden Mädchens zu gewinnen, schreibe die rührendsten Trauerlieder auf Deine arme Geliebte, um Dir neue Freunde damit zu erkaufen – ach, – wie interessant wirst Du sein in Deinem heuchlerischen Schmerz, Deine Koketterie lockt mich von den Toten zurück, ich kehre noch einmal ins Leben, um mich von neuem in Dich zu verlieben. Doch nein, ich nehme mich zusammen, wir sind

getrennt, und ich sage Dir ein ewiges Lebewohl!
[...]

Ja, Clemens, in Dir bete ich das Göttliche an, wo hätte sich die Gottheit mehr verherrlicht? Du sollst an die Stelle meiner guten Geister treten, die mich oft getröstet haben. Oh! erscheine mir, wenn ich nicht glaubend, dringend zu Dir bete, tröste mich mit ernsten, sanften Worten, aber bezähme jede harte, verwundende Rede, und wenn ich in allem gern Deine Überlegenheit anerkenne, so wolle Du nur hierin selbst nichts vor mir voraushaben!
[...]

Oh! ich glaube an Dich, wie ich nie geglaubt habe, ich liebe Dich, wie ich nie liebte, ich bin treu, wie ich es nie war!

VERMISSEN

ICH SCHLAFE SPLITTERNACKT, DANN TRÄUME ICH, SIE SEIEN HIER

Camille Claudel
an Auguste Rodin

Château de l'Islette, Touraine, um 1892

Da ich nichts zu tun habe, schreibe ich Ihnen schon wieder. Sie können sich nicht vorstellen, wie angenehm es ist in Islette.

Heute habe ich im mittleren Saal gegessen (der als Treibhaus dient, wo man auf beiden Seiten in den Garten sieht).

Madame Courcelles hat mir angeboten (dabei hatte ich kein Sterbenswörtchen davon gesagt), auch Sie könnten, wenn Sie Lust hätten, von Zeit zu Zeit oder gar regelmäßig hier essen (sie scheint mir geradezu erpicht darauf). Und es ist so hübsch dort!

Ich bin im Park spazierengegangen, alles ist abgemäht, Heu, Weizen, Hafer, man kann ringsherum gehen, sehr reizvoll. Sollten Sie Ihr Versprechen wirklich wahrmachen – es wäre das Paradies.

Einen Arbeitsraum dürften Sie sich bestimmt aussuchen. Ich bin sicher, die Alte wird Sie vergöttern.

Sie schlug mir vor, doch auch im Fluß zu baden, wie ihre Tochter und das Kindermädchen; es soll völlig gefahrlos sein.

Wenn Sie gestatten – ich werde es tun. Und zwar mit Vergnügen. Dann erspare ich mir auch die Fahrt nach Azay zu den warmen Bädern. Würden Sie wohl die Freundlichkeit haben, mir im Louvre oder im Bon Marché (Kammgarn!) oder in Tours ein niedliches dunkelblaues, weit eingefaßtes, zweiteiliges, aus Mieder und Beinkleid (mittlerer Größe) bestehendes Badekostüm zu kaufen?

Ich schlafe splitternackt; dann träume ich, Sie seien hier; doch wenn ich aufwache, ist alles ganz anders.

Betrügen Sie mich ja nicht mehr.

AN DEIN HERZ DER HERZEN GEBUNDEN

Caroline Lamb
an George Gordon, Lord Byron

Mai 1913

Nur ein Wort. Du hast mich aus meiner Verzweiflung gerettet und zu der Freude empor gehoben, die wir im Himmel zu finden hoffen – dass ich Dich gesehen habe, hat mich für immer ruiniert – Du bist derselbe – Du liebst mich immer noch – ich weiß es, Deine Augen, Deine Blicke, Dein Verhalten, Deine Worte sagen es. Oh Gott, kannst du mich aufgeben, wenn Du mich liebst – nimm mich mit, nimm mich, mein Meister, mein Freund, ich werde Dir dienen, nimm mich mit – die, die für Dich kämpfen wird und Dir in kranken und gesunden Tagen dienen wird und nur für Deine Wünsche leben wird und sterben wird, wenn Dir das Freude bringen kann, die, die Dir treu ist als die eine, die Du die Deine gemacht hast und an Dein Herz der Herzen gebunden hast. Doch wenn Du dies liest, bist Du schon weg. Du wirst an mich vielleicht auch als eine denken, die Dir Schmerzen und Unannehmlichkeiten bereitet hat – Byron, ich verbringe meine Tage damit, mich daran zu erinnern, was ich Dir einmal bedeutet habe – ich wünschte, Du hättest mich nie gekannt oder mich getötet, bevor Du gegangen bist. Gott segne und beschütze meinen Freund und Meister.

Deine Caro

ICH WÄHNE DICH
ÜBERALL ZU FINDEN

Charlotte von Lengefeld
an Friedrich Schiller

Rudolstadt, 22. Oktober 1789

Möge der Engel unsrer Liebe Dich begleiten! mein Teurer, Liebster, Du bist nun nahe bei Jena, und ich hoffe ohne allen Anstoß soll Deine Reise sich enden. Ich sah Deinem Wagen nach, und die liebliche Sonne tat mir wohl, aber mehr noch der Gedanke, dass Du doch nur acht Stunden von uns wärst. Dein Kommen und Gehen, wie ist es doch nun so anders, seit ich weiß, dass wir uns immer wieder so finden, wie wir uns verließen, dass unsere Liebe bleibend ist, so dauernd wie unser Dasein. Ängstlich sah ich Dich sonst gehn, denn ich wusste nicht, ob nicht mein Bild aus Deiner Seele verdrängt werden könnte, ob Dir nicht ein andres Wesen das geben könnte, was nur meine Liebe Dir zu geben wünschte, Dein Kommen erwarte ich furchtsam, ob ich Dich noch so finden würde wie ehedem. Diese Besorgnisse sind aus meiner Seele verschwunden, und es trägt etwas bei, mir den Gedanken der Trennung von Dir zu erleichtern. Aber fehlen tust Du mir immer; und es ist mir, als wäre ich von dem besseren Teil meines Wesens geschieden. Es ist alles leer und tot außer mir, da ich Deine Gestalt nicht mehr sehe, aber in meiner Seele stehst Du immer vor mir, und ich wähne Dich überall zu finden, und möchte das liebe Bild festhalten. Was uns Dein Besuch war, fühlst Du. Dank dem guten Schicksal, das uns vereinigte! Es war ein Vorbild unseres künftigen Lebens, jeder Tag wird uns schöner durch Deine Liebe werden. Fühlst Du nun, wie ich Dich liebe? Ich kenne kein Dasein mehr als in dem Gefühl, dass Du mein bist, dass ich Dir gehöre. Deine Liebe ist der lichte Punkt in meinem Leben, alles andre verliert sich darin, nur durch sie wird mir alles erhellt, ich hatte keinen Begriff von dieser Existenz, ich suchte umsonst, meinem Leben das Interesse zu geben, das nur allein der Zauber der Liebe geben kann. Eine neue, schönre Welt hat sich mir geöffnet, seit meine Seele nur in Dir lebt. […]

WENN DU NICHT DA BIST, IST ALLES NICHTS

Christiane Vulpius
an Johann Wolfgang von Goethe

Weimar, 2. Oktober 1797

Lieber,
heute frühe war mein erster Gedanke, ich würde einen Brief von dir bekommen, aber ich habe diesmal vergebens gehofft. Des Abends ist mein letzter Gedanke an Dich und des Morgens ist es wieder der erste. Es ist mir heute so zumute, als könnte ich es nicht länger ohne Dich aushalten. Es hat auch heute alles im Hause schon über meinen üblen Humor geklagt. Ich weiß gar nicht, was ich vor Freuden tun werde, wenn ich von Dir hören werde, dass du auf der Rückreise bist. Ohne Dich ist mir alle Freude nichts; ich habe, seit ich von Frankfurt weg bin, keine recht vergnügte Stunde

mehr gehabt. Ich habe Dir es seither verschwiegen, aber länger will es nicht gehen. Ich habe mir auch alle möglichen Zerstreuungen gemacht, aber es will nicht gehen; selbst das Schauspiel will nicht recht schmecken. Sei ja nicht böse auf mich, dass ich Dir so einen gramselichen Brief schreibe, er ist ganz aus dem Herzen raus ...

Kurz, wenn Du nicht da bist, ist alles nichts. Und wenn Du nach Italien oder sonst eine lange Reise machst und willst mich nicht mitnehmen, so setze ich mich [mit] dem Gustel hinten darauf; denn ich will lieber Wind und Wetter und alles Unangenehme auf der Reise ausstehen, als wieder so lange ohne Dich zu sein. Es ist, als wäre es gar nicht möglich. Im Hause ist alles in Ordnung. Du magst kommen des Tages oder die Nacht. Und der gute Meyer soll auch alles auf das Beste finden. Komm nur bald und hab mich so lieb wie ich Dich haben will.

Leb wohl.

ICH WOLLTE NUR NOCH DAVONSCHWEBEN MIT DIR

Édith Piaf
an Marcel Cerdan

Paris, Freitag, 20. Mai 1949

Mein Liebster,
weißt du, wie das ist ... ein Haus ohne Dich? Nun, es ist grausam, und schon im Moment Deiner Abreise fühle ich mich immer schrecklich mutlos. O Chéri, ich frage mich jedesmal, wie ich weiterleben soll, wenn du nicht da bist ... Aber ich lebe ja gar nicht, das ist das Grausame, ein Leben ohne Leben, voilà. Gestern abend, mon amour, konnte ich Dir nicht schreiben, mein Brief hätte Dir nur weh getan. Ich war so niedergeschlagen und gleichzeitig aufgebracht, alle Welt sollte genauso leiden wie ich. Und Du, mein Kleiner, mein Junge, mein geliebter Liebling? Wie habe ich gelitten, als

das Flugzeug alles davontrug: mein Herz, meinen Verstand, meinen Atem – ich hätte schreien können vor Schmerz. [...]

War das ein Heimkommen gestern abend! Jacqueline und ich konnten kaum ein Wort miteinander wechseln, es herrschte tödliches Schweigen, und ich wollte nur noch eines, die Augen schließen und davonschweben mit Dir, mit Dir, mit Dir! Es ist schon komisch, ich bin ganz ohne Antrieb, ohne Ideen, ohne alles, wie jemand, der nur darauf wartet, dass etwas geschieht. Da, wo mein Herz ist, sind nur Angst und Kummer. Ach, mein Kleiner, mein lieber Kleiner, wie ich Dich liebe – es ist närrisch und beängstigend. Eigentlich hätte ich heute proben sollen, aber mir fehlt die Kraft dazu. Ich ziehe es vor, allein zu sein. Ich habe alles abgesagt, weil die Leute reden und mich daran hindern, bei Dir zu sein. Vielleicht geht es nächste Woche besser. Aber im Moment will ich niemanden von etwas anderem reden hören als von Dir.

Bis morgen, mon amour. Sei stark für uns beide, ich brauche das. Ich liebe Dich maßlos, unsäglich, wahnsinnig – ich kann nichts dagegen tun. Es ist

Deine Schuld, Du bist wunderbar. Nimm mich in Gedanken in Deine Arme und denke daran, daß Du das einzige bist, was mir auf dieser Welt etwas bedeutet.

ES WERDEN WIEDER
GLÜCKLICHE TAGE KOMMEN

Fanny Elßler
an Friedrich von Gentz

Wien, 1. August 1830, 9 Uhr abends

Wenn ich mir so denke, wenn nur Gentz auch bei mir wäre, der es leider nicht sein kann, da vergeht mir dann alle Lust, mich zu unterhalten. Wenn ich mir so denke, wie Du Dich nach mir sehnst, wenn ich Deine Briefe lese, da versichere ich Dich, dass Du mir recht erbarmst, dass gerade Dich, der Du so gut bist, das Schicksal so schwer straft, allein nur Mut, mein lieber Gentz, noch lebt ein Gott, noch leben wir ja alle zwei, und solange das ist, muss man nicht verzagen. Es werden wieder glückliche Tage kommen, die sollen uns dann für die vielen leeren und unglücklichen Tage entschädigen, habe nur Mut, mein lieber Gentz: Ich denke mir, da Du mir schon so sehr abgehst, wie muss nicht ich Dir abgehen ... Heute habe ich Kopfschmerzen, sonst würde ich Dir mehr schreiben, allein ich darf Dir ja nur schreiben, dass ich Dir gut bin, mehr brauchst Du ja nicht zu wissen, und dass ich Dich vielmals küsse und dass ich

      Deine Fanny bin. Adieu

MANCHMAL ÜBERMANNT MICH DER SCHMERZ DER TRENNUNG VON DIR

Gabriele von Humboldt
an Heinrich von Bülow

Schleiz, den 28. April 1817

Seit einer halben Stunde sind wir hier angekommen, und ich benutze den ersten freien Augenblick, um Dir, mein geliebter, teurer Heinrich, einige Zeilen zu schreiben, wozu ich mich unendlich gefreut habe! Ach! mein liebes Herzchen, mit welchen Worten soll ich Dir sagen, wie entsetzlich schmerzhaft mir der Abschied von Dir war und wie öde und leer mir alles vorkommt, seitdem ich Dich nicht mehr sehe! Wie ich in den Wagen gekommen bin, weiß ich selbst nicht, nur das weiß ich, dass der Augenblick, wo ich Dich zum letzten Male an mein Herz drückte und zum letzten Male Dein liebes Gesicht sah, der schrecklichste in meinem ganzen Leben war, es vergingen mir alle Sinne, und ich musste alle meine Kraft zusammennehmen, um die Fassung nicht zu verlieren.

Unaussprechlich sehne ich mich nach einem Briefe von Dir, mein süßes Leben, und doch kann ich es kaum hoffen, in München einen zu finden, und Gott weiß, wie lange ich noch harren muß, ehe ich nur ein Lebenszeichen von Dir vernehme, und so lange nichts, gar nichts von Dir zu hören, ist wirklich hart [...]

Manchmal übermannt mich der Schmerz der Trennung von Dir so stark, dass ich Mühe habe mich zu fassen, um nicht in Tränen auszubrechen. Doch suche ich soviel als möglich heiter zu sein, um nicht die anderen zu betrüben [...] Ach. nie, nie kann ich es ausdrücken, was ich bei dem Gedanken empfinde, einstens Dir mein Leben und mein Glück anzuvertrauen und Dir ganz anzugehören. Doch Dir brauche ich es wohl nicht zu sagen, denn Du musst es wissen, wie innig, wie herzlich ich Dich liebe, so wie ich es von Dir weiß! Ach, was wäre denn mein ganzes Leben, wenn ich diese feste Überzeugung nicht hätte! – Gute Nacht, mein liebes, gutes Herz, ich umarme Dich und bin ewig

                Deine liebe Gabriele

WIR WERDEN
DIE LIEBE ERFINDEN

Ingeborg Bachmann
an Paul Celan

Wien, 24. Juni 1949

Du Lieber,
weil ich so garnicht daran gedacht habe, ist heute, am Vortag – im vergangenen Jahr war es doch auch so – Deine Karte richtig angeflogen kommen, mitten in mein Herz, ja es ist so, ich hab Dich lieb, ich hab es nie gesagt damals. Den Mohn hab ich wieder gespürt, tief, ganz tief, Du hast so wunderbar gezaubert, ich kann es nie vergessen.

Manchmal möchte ich nichts, als weggehen und nach Paris kommen, spüren, wie Du meine Hände anfaßt, wie Du mich ganz mit Blumen anfaßt und dann wieder nicht wissen, woher Du kommst und wohin Du gehst. Für mich bist Du aus Indien oder einem noch ferneren, dunklen, braunen Land, für mich bist Du Wüste und Meer und alles was Geheimnis ist. Ich weiß noch immer nichts von Dir und hab darum oft Angst um Dich, ich kann mir nicht vorstellen, daß Du irgend etwas tun sollst, was wir andern hier tun, ich sollte ein Schloß für uns haben und Dich zu mir holen, damit Du mein verwunschener Herr drin sein kannst, wir werden viele Teppiche drin haben und Musik, und die Liebe erfinden. [...]

Mitte August will ich in Paris sein, ein paar Tage nur. Frag mich nicht warum, wozu, aber sei da für mich, einen Abend lang oder zwei, drei ... Führ mich an die Seine, wir wollen so lange hineinschauen, bis wir kleine Fische geworden sind und uns wieder erkennen.

Ingeborg

ES GIBT KEIN ZEITGEFÜHL MEHR

Janet Flanner
an Natalia Danesi Murray

9. Juni 1944

Darling, ich vermisse dich einfach schrecklich; das ist die Wahrheit. Durch deine Abfahrt fühle ich mich beiseite gedrängt wie ein altes Möbelstück, für das kein Platz mehr ist. Es gibt kein Zeitgefühl mehr, keinen Grund mehr aufzustehen, kein Vergnügen am Frühstück, keine freudige Erregung am Nachmittag, wenn du von unten heraufriefst und einen Cocktailino verlangtest und ich *eccolino* antwortete ... Am Mittwoch gehe ich für drei Tage nach Washington wegen der Bedaux-Geschichte; ich werde dich auch dort vermissen, aber da ist es erträglicher, weil ich bestens abgelenkt sein werde. Wahrscheinlich übernachte ich bei Daphne und

Geoff Hellman; keine Hotels. Ich bin bereit, entweder zu zahlen oder bezahlt zu werden.

Liebste, dir alles: Zärtlichkeit, Kühnheit, Liebe, Patriotismus und Stolz.

SO SOLLST DU MICH LESEN
WIE EIN BUCH,
ICH WILL KEIN BLATT
ZUDECKEN

Johanna von Puttkamer
an Otto von Bismarck

März 1847

Einzig Geliebter – Du bist gewiss krank und so unverantwortlich unbarmherzig grausam, mir nichts zu sagen, bedenkst aber dabei gar nicht, dass ich mich nun erst recht ängstige, und dass ich Ungewißheit mehr hasse als alles auf der Welt! Aber so elend kannst Du doch nicht sein, da Du ja die Elbe up and down eilest – [...] und möchte Dir doch nichts zeigen als Liebe, – so warm, so innig, da ich Dir ergeben bin in Gefühlen, Gedanken, ja mit dem ganzen Herzen. [...] Schreiben mag ich nicht alles, sagen viel eher, und wenn wir länger beisammen sind, so sollst Du mich lesen wie ein Buch, ich will kein Blatt zudecken, Du sollst sie alle sehen und daher viel Böses und wenig Gutes darin finden; – aber ich habe kürzlich etwas gelesen, was mir Eindruck machte und bitte Dich, nimm es Dir auch zu Herzen, Geliebter: dieses tut weher, als wenn eine geliebte Person uns zum erstenmal etwas verheimlicht und wäre es eine Kleinigkeit.

Liebster Otto, wüsste ich doch nur zuerst ganz gewiss, dass Du nicht krank bist.

Deine Johanna

DU KANNST LIEBEN, DOCH VERLIEBE DICH NUR NICHT

Karoline Jagemann
an Herzog Karl August von Weimar

Leipzig, 8. Juni 1807

Vom ersten Augenblick meines Hierseins bis jetzt habe ich nicht gewusst, wohin vor lauter Arbeit. Gestern spielte ich wieder, und heute, wo ich einen freien Tag habe, kann ich nicht aus dem Hause gehen, ohne Dir, Du Lieber, erst geschrieben zu haben. Wenn Du mich recht glücklich hättest machen wollen, so hättest Du mir wie sonst am Morgen Deiner Abreise ein paar Wörtchen geschrieben und mir hierhergeschickt. Doch gerne kommt meine Liebe der Deinigen zuvor, denn Du hast doch noch das alte Gefühl für mich, wenn auch hier und da die Formen sich ändern. Der Himmel gebe, dass dieser Brief Dich gesund antrifft, Du lieber Alter, dann bist Du vergnügt und ich kann ruhig sein [...] Morgen spiele ich Maria Stuart, übermorgen schreibe ich Dir wieder. Ich wünsche Dir, mein Alter, alles mögliche Vergnügen, was zu Deinem Wohlbefinden gehören mag. Auch lieben kannst Du – Du kannst lieben, doch verliebe Dich nur nicht.

Adieu, Du lieber Engel, Du bist mein einziger Lieber, habe mich auch lieb und schreibe mir bald.

ICH VERSINKE IM SCHMERZ, MEIN GLÜCK IST DAHIN

Zarin Katharina II.
an einen Unbekannten

Als ich mit diesem Brief begann, war ich glücklich und erfreut, meine Gedanken eilten so schnell von hier, dass ich nicht wusste, was noch aus ihnen würde. Es geht so nicht weiter: ich versinke im Schmerz, mein Glück ist dahin; vor acht Tagen glaubte ich selbst, an dem unersetzlichen Verluste meines besten Freundes sterben zu müssen. Ich schluchze, indem ich Ihnen mitzuteilen das Unglück habe, dass der General L. nicht mehr am Leben ist, und mein Zimmer, das für mich einst so erfreulich war, ist für mich eine leere Höhle geworden, in der ich mich mit Mühe wie ein Schatten fortschleppe. Ich kann kein menschliches Antlitz mehr sehen, ohne dass mir Seufzer die Sprache raubten. Ich kann weder essen noch schlafen; das Leben ist mir peinlich, und das Schreiben geht über meine Kraft. Ich weiß nicht, was aus mir werden soll, ich weiß nur, dass ich niemals im Leben so unglücklich war, wie seitdem mein bester, liebenswürdiger Freund mich so verlassen hat. Ich habe mein Schubfach geöffnet und dieses angefangene Blatt gefunden; ich habe diese Zeilen gekritzelt, aber ich kann nicht weiter...

IN DIR FINDE ICH
ALL MEIN GLÜCK

Luise von Preußen
an König Friedrich Wilhelm III.

15. Mai 1794

Mein teurer und geliebter Freund,
eine Feder soll Dir nun sagen, was mein Mund Dir schon eine Millionmal gesagt hat: dass ich Dich unsagbar liebe. Wie hart ist es für mich, Dich nicht mehr bei mir zu haben. Einsam und allein überlasse ich mich meinem Schmerze. Mein einziger Trost ist, auf demselben Sofaplatz zu sitzen, wo Du immer saßest. O Gott, könntest Du mich sehen, könntest Du Deine unglückliche Frau sehen, wie sie über Deine Abreise seufzt, wie unglücklich und verlassen sie ist. Tränen sind mein einziger Trost, aber wie bitter ist er ... Vergiss mich nicht, mein teurer Freund. Erinnere Dich Deiner Luise, die nur

für Dich lebt, und die ohne Dich unglücklich ist. […] Bei Gott, ich schwöre Dir, dass keine Liebe der gleich kommt, die ich für Dich fühle; nicht die Liebe für Vater und Mutter, nicht zu Schwester und Bruder. Du bist mein Alles, Engel meines Herzens. In Dir finde ich all mein Glück. Ohne Dich ist mir alles nichts und ich bin unglücklich. Ich bitte Dich, um Gottes willen, antworte mir recht aufrichtig, ob Du auch recht innig und wahrhaftig von meiner wahren, reinen Liebe zu Dir überzeugt bist.

LIEBENDE ABER SOLLEN
UNBEWAFFNET SEIN

Paula Ludwig
an Iwan Goll

Berlin, 2. September 1933

An dem Tag, da Dein letzter Brief kam, schenkte man mir eine riesige rote Lilie, wie ich noch nie eine besaß. Ihr Kelch ist wie Fleisch. Er ist wie ein feuriger roter Mund. Ihr Mund ist wie ein roter Kuss. Ohne mein Wissen zog es mein dunkles Ich in seinen Abgrund. Da wohnt es nun wie in Deinem Fleisch – seelenlos – gedankenlos ein dumpfes Gefühl von Lust. […]

Ich selbst aber kann nichts mehr tun – als warten. Und dieses Zutun macht müde. Ja ich war entsetzlich müde in den letzten Wochen. Jetzt aber geht es mir besser. Der Herbst von 1931 geht um in der Wohnung. Seine Tränen rinnen an die Fensterscheiben – sie kommen zurück, die ich weinte – sie kommen von Dir.

Ich will die letzten Tage in unserer Wohnung in dieser Erinnerung leben. [...]

Mein Geliebtes: ich wache und sorge für Dich! Bald wirst Du sein dürfen, was Du bist –.

Du darfst nichts mehr verschweigen – die Zeit ist um, wo wir schweigend gelitten haben. Du musst mich über Dein Leben alles wissen lassen. Alle Notwendigkeiten und Schwierigkeiten. Es wird Zeit, dass Dein persönliches Leid aufhört, erlöst wird – denn ein anderes, Größeres wartet auf Dich. Das Leid der Glücklichen. Ich habe es einmal gefühlt, als ich an Deiner Seite selig war – nichts an Schmerz ist ihm zu vergleichen. Wahrscheinlich ist es das, was die meisten, auch die Größten unter den Menschen nicht ertragen. Sie erkennen es nicht, sie glauben, es ist das Glück, das man nicht erträgt, und kehren lieber zu ihrem alten Alltagsleid zurück. Das teilen sie mit der ganzen Menschheit, das hat schon seinen Namen während das Neue grundlos und nicht von der Erde ist. Die Götter kennen es wohl.

Iwan, ich bitte Dich: sei nicht mehr traurig! Vergiss zu keiner Stunde des Tags und der Nacht wer

Du bist! Muss ich Dir immer und immer wieder sagen, wer Du bist? Nur weil Du Deiner selbst nicht immer bewusst bist, zweifelst Du, umgeben von Anklägern und Blinden. Dann tust Du sogar manches, was Deiner unwürdig ist, und sagst Sätze, die mich verletzen müssen, weil sie nicht aus Deinem absoluten Ich kommen. Und bist wie ein Musiker ohne Instrument – und weißt nichts von Deiner Seele. Und doch hast Du mich, um alles über sie zu erfahren und trunken zu werden von ihrer Größe und Schönheit.

Auch ich, auch ich klage mich an, dass ich mich oft selbst verleugne. Wir dürfen nicht allen Stimmen glauben, die aus unserm Mund kommen, und wir tun es auch nicht – das ist das Sonderbare – wir tun uns nur weh – aber wir wissen, dass wir, nur um uns weh zu tun, zu diesen Waffen greifen. Liebende aber sollen unbewaffnet sein. Ihr nackter Körper allein, allein ihr Auge muss Schmerz und Lust bestimmen.

NUR TRÄNEN
DER WEHMUT KÖNNEN
DAS SAGEN

Susette Gontard (Diotima)
an Friedrich Hölderlin

Oktober 1798

Ich muss Dir schreiben, Lieber! Mein Herz hält das Schweigen gegen Dich nicht länger aus. Nur noch einmal lass meine Empfindung sprechen vor Dir, dann will ich, wenn Du es besser findest, gerne, gerne still sein. Wie ist nun, seit Du fort bist, um und in mir alles so öde und leer, es ist, als hätte mein Leben alle Bedeutung verloren, nur im Schmerz fühl ich es noch. –

Wie lieb' ich nun diesen Schmerz; wenn er mich verlassen, und es wieder dumpf in mir wird, wie such ich ihn mit Sehnsucht wieder. Nur meine Tränen über unser Schicksal können mich noch freun.

– Sie fließen auch reichlich, wenn ich Abends, schon um neun Uhr, den Tag zu verkürzen mit den Kindern zur Ruhe mich lege; wenn alles still ist, und niemand mich sehen kann. Wie! dachte ich dann oft, soll künftig diese geliebte reine Liebe wie Rauch verfliegen und sich auflösen, nirgends eine bleibende Spur zurücklassen? [...]

Schon oft habe ich es bereut, dass ich Dir beim Abschied den Rat gab, auf der Stelle Dich zu entfernen. Noch habe ich nicht begriffen, aus welchem Gefühl ich so dringend Dich bitten musste. Ich glaube aber, es war die Furcht vor der ganzen Empfindung unserer Liebe, die zu laut in mir wurde bei diesem gewaltigen Riss, und die Gewalt, welche ich fühlte, machte mich gleich zu nachgiebig. Wie manches, dachte ich nachher, hätten wir noch für die Zukunft ausmachen können, hätte nur unser Auseinandergehen nicht diese feindselige Farbe angenommen; niemand hätte Dir den Zutritt in unser Haus wehren können. [...]

Da habe ich Dir viel Worte machen müssen, und hätte Dir doch gerne so viel gesagt. Das Rechte kann ich aber nicht ausdrücken, es bleibt tief in meinem Herzen begraben. Nur Tränen der

Wehmut können das sagen und wieder stillen. Du siehest wohl, ich kann die Worte nicht finden! – Ich bin so verändert, dieser gewaltige Schlag des Schicksals hat mich ganz in mich selbst gekehrt, ein tiefer heiliger Ernst herrscht durch mein ganzes Wesen. Nur oft ist's mir so dumpf, und ich habe keine Besinnung; will ich dann lesen, stehen meine Gedanken still, und wollen nicht weiter, ich kann nur das Nötigste tun, und bin zum Verwundern geduldig. [...] O, es wird gewiss besser, wenn ich nur erst weiß, dass die Nachrichten von Dir mir nicht fehlen können und ich immer einen Gesichtspunkt, einen Tag der Hoffnung vor mir habe. Denn die Hoffnung hält uns allein im Leben. – Das bleibt gewiss, dass ich nie ändere. –

ICH VERSUCHE, DICH FÜR MICH ZU ERFINDEN

Virginia Woolf
an Vita Sackville-West

Monk's House, Rodmell Sussex,
7. September 1925

Meine liebe Vita,
nun, ich verstehe nicht, warum du mir nicht schreibst, aber vielleicht bin ich dran, nur bist du in einer besseren Lage, um Briefe zu schreiben, als ich. In deinem Zimmer sind zwei Menschen, die du reden hören kannst. In meinem Zimmer ist ein Hund und sonst nichts als Bücher, Papiere, Kissen und Milchgläser und Decken, die von meinem Bett gefallen sind, und so weiter. Das hat in mir einen solchen Wunsch geweckt, zu erfahren, was deine zwei Leute sagen, dass ich dich anflehe, es mir zu

erzählen. Erzähl mir, wen du getroffen hast, selbst wenn ich noch nie von ihnen gehört habe – das wäre noch besser. Ich versuche, dich für mich zu erfinden, merke aber, dass ich eigentlich nur zwei Zweige und drei Strohhalme dafür habe. Ich kann das Gefühl erreichen, dich zu sehen – Haar, Lippen, Farbe, Größe, sogar ab und zu die Augen und Hände, aber ich merke, wie du dich entfernst; um im Garten spazieren zu gehen, Tennis zu spielen, zu graben, dich zum Rauchen und Reden niederzulassen, und dann kann ich nichts erfinden, was du sagst. Das beweist, worüber ich Ries um Ries schreiben könnte, wie wenig wir irgend jemanden kennen, nur Bewegungen und Gesten, nichts Zusammenhängendes, Fortwährendes, Tiefgehendes. Aber gib mir einen Tipp, flehe ich.

... »Offen gestanden« sollte ganz einfach sein, hat aber inzwischen die Bedeutung »beteuerte Unaufrichtigkeit« angenommen, zumindest für mich, die ich, wie ich annehme, in Sünden ergraut bin und guten englischen Wörtern Bedeutungen zuschreibe, die sie, wie ich zugebe, nicht haben.

Aber schreibe deiner liebevollen Schurkin trotzdem.

IN DEN SCHLAFLOSEN ALPTRAUM-STUNDEN DER NACHT

Vita Sackville-West
an Virginia Woolf

Mailand, 21. Januar 1926

Ich bin nur noch ein Etwas, das Virginia will. Ich habe in den schlaflosen Alptraum-Stunden der Nacht einen wunderschönen Brief an Dich verfasst, und er ist vollständig verschwunden: Ich vermisse Dich auf ganz einfache, verzweifelte, menschliche Weise. […] Es ist kaum zu glauben, wie unentbehrlich Du für mich geworden bist.

VERLASSEN

NICHT EINMAL LIEBKOST HAST DU MICH

Anaïs Nin
an Henry Miller

Louveciennes, 23. Mai 1933

Henry, als June sagte, Du seist äußerst selbstsüchtig, glaubte ich ihr nicht. Heute hast Du mir einen tiefen Schock versetzt. Ich wusste immer, dass Du mich nur wegen dem liebst, was ich Dir geben kann, und war bereit, dies zu verstehen und zu akzeptieren, weil Du ein Künstler bist. Ich fand alle nur denkbaren Entschuldigungen für Dich. Ich erwartete keineswegs, dass Du Dein ganzes Leben lang menschlich bist oder auch nur sieben Tage in der Woche. Es schien mir andererseits nicht allzu schwierig, einen Tag in der Woche menschlich zu sein oder einen Tag nach zehn anderen. Seit Du mich an dem Montag, an dem Hugh zurückkam, verlassen hast, ist mir klargeworden, dass Dich das, was passierte, keinen Deut schert. Du nahmst Dir sofort vor, es zu vergessen. Du schriebst mir: Ich fühle mich sehr sorglos. Das alles störte mich nicht. Du hattest meinen Wunsch akzeptiert, Dir Freiheit zu geben, Freisein von allem. Du wusstest, dass ich das ernst meinte. Doch als ich Dich von jeder Besorgnis befreite, kehrtest Du sofort zu Deinem selbstversunkenen Leben zurück. Das wusste ich. Am Freitag sagte ich mir: Ich werde Henry nicht kommen lassen. Er liebt mich selbstsüchtig, nur wegen der guten Dinge. An mir liegt ihm in Wirklichkeit nichts. Und heute hast Du es bewiesen. Du fühltest Dich gut, gesund, sorgenfrei. Mein Leben interessierte Dich nicht. Du sahst mich nach zehn Tagen wieder und warst kalt. Nicht einmal liebkost hast Du mich. Du bist nicht ins Haus gekommen, um freundlich zu sein nach Deiner Gefühllosigkeit. Die Wahrheit ist, dass Du vollkommen glücklich bist in Clichy, allein. Ich werde dafür sorgen, dass Du weiterhin Deine Sicherheit hast, Deine Unabhängigkeit. Aber das ist alles, Henry. Alles übrige ist tot. Du hast es umgebracht.

              Anaïs

WILLST DU WIEDER VERSUCHEN, MICH ZU VERGESSEN?

George Sand
an Alfred de Musset

6 Uhr

Warum gingen wir so traurig auseinander? Werden wir uns heute abend wiedersehen? Dürfen wir glücklich sein? Dürfen wir uns lieben? Du sagtest ja und ich versuche es zu glauben. Aber es scheint mir, dass Du Deinem Gefühl nicht folgen kannst, und dass Du Dich bei dem kleinsten Schmerz gegen mich auflehnst wie gegen ein Joch. Ach, mein Kind, wir lieben uns, das ist die einzige sichere Tatsache in unserem Leben. Die Zeit und die Trennung hinderten uns nicht, und werden uns nicht hindern, uns zu lieben.

Aber ist ein Zusammenleben zwischen Dir und mir möglich? Bin ich imstande mit einem andern zu leben? Das erschreckt mich. Ich bin oft traurig und verstört; denn Du machst mich jeden Augenblick hoffen und verzweifeln. Was soll ich tun? Willst du, dass ich gehe? Willst du wieder versuchen, mich zu vergessen? Ich, ich werde das nicht mehr anstreben, aber ich kann schweigen und fortgehen. Ich fühle, dass ich Dich wieder wie einst lieben werde, wenn ich nicht fliehe. Ich töte Dich vielleicht und mich mit Dir; bedenke das wohl. Ich wollte Dir im vorhinein alles sagen, was zwischen uns zu befürchten wäre. Ich hätte Dir schreiben sollen anstatt zurückzukommen; das Verhängnis hat mich zurückgeführt, soll man es beklagen oder segnen? Seit zwei Stunden, ich gestehe es Dir ein, ist das Entsetzen stärker als die Liebe, und ich fühle mich gelähmt wie ein Mensch auf einem Bergpfad, der es zwischen zwei Abgründen nicht wagt, vorwärtszugehen oder umzukehren. Dich zu lieben bedeutet vielleicht für beide Teile ein Leben des Fiebers, oder die Einsamkeit und die Verzweiflung für mich allein. Sage mir, glaubst Du auf andere Weise glücklicher sein zu können? [...]

Wenn Du zu mir zurückkehrst, kann ich Dir nur eins versprechen: ich will versuchen, Dich glücklich zu machen. Aber Du müsstest Geduld und Nachsicht üben in jenen Augenblicken der Furcht und der Traurigkeit, die mich zweifellos noch übermannen werden.

ICH KANN NICHT WEINEN

Karoline von Dacheröden
an Wilhelm von Humboldt

14. September 1790

Wie hast Du mich verlassen können? Wie Dich trennen von Deinem eigenen Leben? Lebst Du noch, Bill, oder ist Dein Herz in die tote Erstarrung des meinen versunken? Weh, ich habe Dich und mich betrogen. Ich habe auf Kräfte gerechnet, die der letzte Hauch Deines Mundes verweht, Dein letzter Kuss vernichtet hat. Ich habe Dich aus meinen Armen gelassen – mein eigen Dasein hab' ich mir entwandt! – O, Bill, Bill, komm zurück – ich trag' es nicht – Du weißt ja, dass mein Herz viel tragen kann, aber dies – ach verzeih, verzeih, meine Sinne sind verwirrt, meine Seele ist mir entrissen – diese Dumpfheit – mir ist, als fühlt ich mich langsam vernichten. – Ich kann nicht weinen. Meine Augen sind trocken und brennen fürchterlich. Wie sie Dich nicht mehr sahen, versiegten auch die lindernden Tränen. –

INDEM ICH ALSO
DIR DEINE FREIHEIT
ZURÜCKGEBE

Lucie Fürstin von Pückler-Muskau
an Hermann Fürst von Pückler-Muskau

Muskau, 31. Oktober 1823

Es ist Zeit, den Entschluß ins Leben treten zu lassen, den ich, mein über alles teurer Freund, wie du weißt, schon längst gefasst habe. Er heißt Trennung – und Trennung von Dir aus zärtlicher Liebe. So sehr Du alles entfernt hast, um mich jemals den Abstand unserer Jahre fühlen zu machen, so ist dennoch der Unterschied derselben zu groß, und nimmt durch meine Kränklichkeit noch täglich zu. Mit einem Wort, die Form unserer Verbindung lastet auf Dir, da sie jene Glückseligkeit ganz von Dir entfernt, welche doch die höchste und gehaltvollste bleibt, und die das eigentliche Verlangen

Deines Herzens ausmacht. [...] Indem ich also Dir Deine Freiheit zurückgebe, und bestimmt erkläre, dass ich von Dir geschieden zu sein verlange, bezeuge ich Dir nochmals: dass ich Dir das höchste, das einzig wahre Glück meines Lebens verdanke – Dein geistreicher, liebenswürdiger Umgang, Dein fester, männlicher und doch so sanfter Charakter, haben es mir gewährt, und noch mehr als alles Dein tiefes, edles Gemüt, Dein gutes, weiches Herz!

Dass Deine Gesinnungen der Art sind, dass kein Wechsel, kein Ereignis sie zu verändern und aufzulösen vermag, das glaube ich, und nur in dieser festen Überzeugung fühle ich die Kraft, Dir ein Opfer zu bringen, das mir zwar unendlich schwer wird, ohne welches ich aber doch keine Beruhigung mehr find. Gott segne es – und leite davon für Dich das reinste, ungetrübteste Glück – herab; Deiner mütterlichen Freundin aber bleibe das Bewußtsein der treuesten Hingebung und Ergebenheit bis in den Tod, für das Teuerste und Geliebteste, was sie in dieser Welt besaß.

Deine Lucie

WENN WIR ENDLICH ZU LEBEN BEGINNEN

Rosa Luxemburg
an Leo Jogiches

30. April 1900

Du hast natürlich recht, dass wir schon seit längerer Zeit ein getrenntes seelisches Leben führen, aber das hat keineswegs erst in Berlin begonnen. Wir waren einander schon in Zürich seit Jahren seelisch entfremdet, die letzten zwei Jahre meines Aufenthaltes in Zürich haben mir besonders ins Gedächtnis eingegraben, dass ich mich schrecklich einsam gefühlt habe. Aber ich war ja nicht diejenige, die sich von Dir abgekapselt und abgesondert hat, ganz und gar umgekehrt. Du fragst, ob ich mir niemals die Frage gestellt habe: wie lebst *Du* denn, wie sieht es in Dir aus? Darüber kann ich nur bitter lächeln. Oh ja, ich habe tausende Male danach gefragt, nicht nur mich, sondern auch *Dich*, laut und beharrlich, doch ich bekam immer die Antwort, dass ich Dich nicht verstehe, dass Du nicht auf mich rechnest, dass ich Dir nichts geben kann, etc. Bis ich aufgehört habe zu fragen und durch nichts gezeigt habe, dass ich überhaupt etwas sehe oder mich für irgend etwas interessiere. Du schreibst, wie ich denn glauben konnte, dass Du Dich für eine andere interessierst, da doch keine andere Dir genügen oder Dich verstehen kann. Das habe ich mir früher immer selber gesagt.

Aber hast Du denn vergessen, dass Du mir in letzter Zeit hunderte Male wiederholt hast, dass *auch ich* Dich nicht verstehe, dass Du auch *mit mir* Dich völlig einsam fühlst! Worin liegt also der Unterschied? [...]

Du fragst ständig, wie ich so ruhig den Gedanken fassen konnte, unser Verhältnis zu lösen. Ob das »ruhig« vor sich gegangen ist, davon spreche ich hier nicht. Aber wie habe ich mich überhaupt dazu durchgerungen? Ich sage Dir das ganze Geheimnis: mir wurde besonders nach meinem letzten Aufenthalt in Zürich klar, dass Du meine seelische Konstitution völlig aus den Augen verloren hast, dass ich für Dich einfach die und die bin, die sich von anderen höchstens dadurch unterscheidet, dass sie Artikel schreibt. Ich wiederum, besonders hier, wo ich auf Schritt und Tritt sehe, mit *welcher Art* von Frauen andere Leute leben und wie sie sie anbeten und für Gott weiß was halten, wie sie sich geradezu ihrer Herrschaft unterwerfen, erinnerte mich bei jedem Schritt, wie Du mich behandelst, und es wurde mir klar, dass Du jedes Maß und jede Erinnerung an mein geistiges Wesen verloren hast. Und diese Überzeugung war für mich der lebhafteste und der schmerzlichste Beweis dafür, dass Deine Gefühle für mich erkaltet sind.

Du fragst, ob ich von nun an wiederum mit Dir ein gemeinsames geistiges Leben führen will. Die Antwort ist klar, aber bedenke, dass es an *Dir* liegt, das zu verwirklichen. So wie wir in den letzten Jahren gelebt haben, ist ein unmöglich, ein *gemeinsames* geistiges Leben auszubauen. Wenn Du Dein gegenwärtiges Mißtrauen aufgibst, dass ich Dich nicht verstehen kann, mich nicht für Dein Innenleben interessiere etc., dann erst ist ein Einverständnis zwischen uns möglich.

Ich hätte Dir noch vieles, vieles zu sagen, aber

wahrhaftig, ich habe keine Kraft mehr, über all das zu schreiben. Wenn Du hier bist, wenn wir endlich zu leben beginnen, dann werden wir uns alles sagen. Und vielleicht wird es dann sogar überflüssig sein, darüber zu reden ...

Ich küsse Dich vielmals

Deine R.

WO IST DIE GEPRIESENE FREIHEIT NUN

Sophie Bernhardi-Tieck
an August Wilhelm Schlegel

24. Oktober 1804

Wo ist die gepriesene Freiheit nun, in der ich leben sollte? Ach, in dem Augenblick, wo ich mein Leben verweinen möchte, wo ich mit der Sehnsucht meines Herzens Ihre Briefe zu mir herzwingen möchte, damit Ihre freundlichen Worte mich trösteten, erhalte ich solche, worin Sie mir alle gegebenen Worte brechen. [...] Ach, wie sind Sie erkaltet.

VERTRAUEN

DAS HABE ICH AUCH
NIE VERGESSEN

Clara Wieck
an Robert Schumann

21. Januar 1838

Das war ein schwerer Tag für mich, aber auch ein schöner. Es war heut Mittag mein viertes Konzert, wo ich von Liszt und Thalberg spielte, um auch die verstummen zu machen, welche immer noch glauben, ich könnte Thalberg nicht spielen. 13mal ward ich gerufen, was selbst dem Thalberg nicht widerfahren […]. Du wirst diesen Enthusiasmus nicht begreifen können, da Du gar nicht weißt, was ich eigentlich leiste und was nicht; da Du mich als Künstlerin überhaupt viel zu wenig kennst. Doch glaube ja nicht, dass ich Dir deswegen gram, im Gegenteil macht mich das glücklich, dass ich weiß, Du liebst mich nicht um meiner Kunst willen, sondern, wie Du mir auf einem kleinen Zettelchen schriebst, ›ich liebe Dich nicht, weil Du eine große Künstlerin bist, nein, ich liebe Dich, weil Du so gut bist.‹ Das hat mich unendlich gefreut und das hab ich auch *nie* vergessen.

ICH WERDE DICH
IMMER LIEBEN

Felice Schragenheim
an Lilly Wust

29. Juni 1943

Im Namen aller zuständigen Götter, Heiligen und Maskottchen verpflichte ich mich zu folgenden zehn Punkten und hoffe, dass alle diese zuständigen Götter, Heiligen und Maskottchen mir gnädig sein werden und mir helfen werden, mein Wort zu halten:

1. Ich werde Dich immer lieben.
2. Ich werde Dich nie allein lassen.
3. Ich werde alles tun, um Dich glücklich zu machen.
4. Ich werde, sowie es die Verhältnisse erlauben, für Dich und die Kinder sorgen.

5. Ich werde nicht dagegen protestieren, dass Du für mich sorgst.
6. Ich werde mich nicht mehr nach hübschen Mädchen umsehen, höchstens um festzustellen, dass Du hübscher bist.
7. Ich werde abends sehr selten spät nach Hause kommen.
8. Ich werde mich bemühen, nachts leise mit den Zähnen zu knirschen.
9. Ich werde Dich immer lieben.
10. Ich werde Dich immer lieben.

ES IST SCHON SPÄT, UND DOCH KANN ICH NICHT AUFHÖREN, AN EUCH ZU SCHREIBEN

Maria Stuart
an James Boswell

Januar 1567

Verbrennt diesen Brief, denn er ist höchst gefährlich. Es steht nicht viel Gutes darin, weil ich an nichts denke als an Betrug. Wenn Ihr bei Empfang dieses Schreibens in Edinburgh seid, so lasst es mich in Bälde wissen.

Seid nicht böse, denn ich traue eben niemandem recht. Da ich bloß daran denke, Euch zu gehorchen, mein Geliebter, so achte ich weder auf Ehre noch Gewissen noch Zufall noch irgendeine Größe. Nehmt dies bitte gut auf und nicht nach Art Eures falschen Bruders, dem Ihr ja nach meiner Bitte nicht mehr glauben sollt gegen die treueste Geliebte, die Ihr je gehabt. Seht diejenigen nicht an, deren falsche Tränen nicht so geachtet werden sollten als all die treuen Bemühungen und Leiden, die ich auf mich nehme, um ihre Stelle zu verdienen.

Um Dich zu bekommen, tue ich, was gegen meine Natur ist, betrüge ich alle, die mich daran hindern wollen. Gott vergebe mir und Gott vergebe Euch, mein süßer Geliebter, alle die Glückseligkeit, die Eure demütige und treue Geliebte Euch wünscht. ... Es ist schon spät, und doch kann ich nicht aufhören, an Euch zu schreiben. Ich küsse Euch nun die Hände und schließe den Brief. Entschuldigt mein schlechtes Geschreibsel und lest es lieber zweimal. Entschuldigt auch das, worauf ich geschrieben habe, denn ich hatte gestern kein anderes Papier.

Denkt Eurer Geliebten und schreibt an sie, und zwar recht oft. Liebt mich, wie ich Euch liebe.

M(aria) R(egina)

ICH FÜHLE ES IMMER MEHR, DASS ICH NUR DICH LIEBEN KANN

Pauline Bassenge
an Philipp Otto Runge

März 1803

Ich weiß nicht, ich kann Dir heute auch nicht ein gescheites Wort schreiben, überhaupt finde ich, dass die gescheiten Worte, die ich schreibe, sehr wenig sind, ich habe mir recht Mühe gegeben, recht schlecht zu schreiben, damit Du etwas zu tun hast, um es zu lesen, dies ist so eine kleine Malice, die Du mir vergeben musst, nein Du musst nicht, aber Du wirst es doch tun, Du bist ja so gut und hast mich doch auch ein klein bisschen lieb, nicht wahr, mein Otto – mein Otto, mein guter Lieber – Otto, ich liebe Dich doch gewiss recht von ganzer Seele, von ganzen Herzen, ich fühle es immer mehr, dass ich nur Dich lieben kann, nur Dich Du guter Engel, ich werde Dich immer und ewig so lieben, und Du musst mich auch so wollen, auch mein Otto, mein einziger geliebter Otto – ich muss aufhören, denn so kann ich nicht fortfahren, lebe wohl, bald sehen wir uns wieder, mein Otto, mein geliebter Otto, bald. Ich denke bis zu dieser Zeit nur an Dich.

ERST DIE LIEBE
UND DANN DAS ÜBRIGE

Pauline Wiesel
an Prinz Louis Ferdinand von Preußen

Der Krieg – Du Krieger, Du Jäger, Du Musikus. So viel geht mich ab, Louis – und dann erst kommt die Liebe. – Nein, Louis, erst die Liebe und dann das übrige – bei mir aber fällt keine Teilung vor, ich liebe nur Dich allein auf der Welt, Dich und Pauline, Du hast alles in mir getötet, ich weiß nicht, ob mich das glücklich machen soll, oder ob es nicht vielleicht besser wäre, es wäre anders. Nein, Louis, es kann nun mal nicht anders sein. Vergiss mich nicht, Dein Versprechen mit dem Bilde auch nicht, schreibe mir viel, doch nur, wenn es Dir so zumute ist, um keinen andern Gedanken – nur immer, wenn Du willst, nicht meinetwegen, Louis. Lebe wohl, meine Gedanken folgen Dir, ich bin ewig bei Dir. […] Ach, Louis, ich muss schließen, aber wahrhaftig recht traurig, recht bewegt. Alles ist anders, als man glaubt, als man denkt, ich bin so schikaniert von tausend Erbärmlichkeiten, und doch kann ich es nicht ändern – Louis, eine, eine Stunde nur küssen.

Schicke Geld, ich habe keinen Sou und bin alles schuldig […] ich habe ja nicht einmal ein Stück zum Versetzen. […] Da hilft keine Klugheit, kein Entsagen, kein Witz, keine Güte, nichts als Geld, oder solche Unannehmlichkeiten, die nicht zu überleben sind; ich habe nun seit meinem Hiersein keinen Groschen in den Händen gehabt …

Lebe wohl, Louis, ich bin so verstimmt, Dir das sagen zu müssen, ewig in solcher infamen Lage ist terribel, meine Schuld ist es nicht.

Sei nicht böse auf Deine arme

Pauline

ALS DU MICH SO LIEB ANSAHST

Simone de Beauvoir
an Jean-Paul Sartre

Mein Geliebter,
ich empfand unsere Liebe nie stärker als an dem Abend in Les Vikings, als Du mich so lieb ansahst, dass ich mich fühlte wie beim Weinen ... Wäre es nicht so unbequem zum Schreiben eingerichtet, würde ich die Seiten füllen, um Dir zu sagen, wie glücklich ich bin und wie sehr ich Dich liebe. Aber mich tröstet die Tatsache, dass Du das selbst klar gefühlt hast, nicht wahr, kleiner Mann. Hier sind hundert Küsse, jeder enthält dieselbe Botschaft.

ICH KANN NICHT SCHLAFEN, MEIN SÜSSER FREUND

Sophie Seyler
an Johann Anton Leisewitz

13. September 1800

Die innigste Dankbarkeit drängt mich, Dir dies Blatt zu geben, denn, ich weiß es, Du würdest mich nicht sagen lassen, was ich Dir jetzt schreiben will.

Ich kann nicht schlafen, mein süßer Freund! Der Anbruch des heutigen Tages weckt aufs neue und noch lebhafter die Gefühle, mit denen ich mich gestern beschäftigte, und ich muss Dir endlich so danken, wie mein Herz es will. Ich bin voll süßer Rührung, mein Leben bis jetzt liegt vor mir, ich habe einen ernsten, aber nicht düstern Rückblick in die Vergangenheit und einen sehr heitern und beruhigten in die Zukunft getan, ich fühle, ich finde mich wieder, ich habe angefangen, das

Zutrauen in mich selbst zu setzen, ohne das keine Tugend aufkommt, und ich werde gerade so viel Misstrauen behalten als die Erfahrungen, die ich gemacht habe, erfordern. Eins wird dem andern aufhelfen, eins das andere unterstützen, stärken, befestigen.

Ich verdanke Dir unendlich viel, das weißt Du, aber ich verdanke Dir noch unendlich mehr als Du weißt, mehr als Du vielleicht ahnst. Hätte vor zwei Jahren nicht so ein Heldenvertrauen zu Deinem Herzen und Charakter, wenn auch noch so versteckt, in den meinigen verborgen gelegen, wer weiß, wohin es in einzelnen Augenblicken wahrer Verzweiflung mit mir gekommen wäre, wer kann berechnen, zu welchen eigentlichen Verbrechen ich vielleicht herabgesunken und was jetzt aus Dir und mir geworden wäre? Woher kam dies Vertrauen? Wer hatte es erweckt? Mit welchem Rechte? ...

Mein, bester, treuester Freund, es hat lange und fürchterlich um mich gestürmt, noch viel fürchterlicher in mir. So ein Sturm muss manches zerknicken, aber Dir verdanke ich allein, dass er doch nichts verwüstete! Treulich habe ich seitdem wieder zusammengelesen und aufgebaut und werde ferner aufbauen und unermüdet ein Werk verschönen und veredlen, zu dem Du allein mir den Mut gabst; glücklich, wenn ich nicht sterbe, ohne es vollendet zu haben!

Wenn ich bedenke, was ich heute vor 19 Jahren von Dir erwartete, wie ich an Dir hing, wie das 19jährige Mädchen so recht eigentlich in Dich verliebt war! Ich habe viel von Dir erwartet, aber Du hast mir mehr gegeben, als ich selbst in jenem Rausche hoffte, mehr als ich je dachte, mich selbst! Du bist ein edler Mann, kein Geschöpf kann dem andern mehr schuldig sein als ich Dir, denn ich danke Dir Zeit und Ewigkeit!

DU BIST MIR MEHR WERT ALS SONST EINER

Vita Sackville-West
an Harold Nicolson

Du bist mir mehr wert als sonst einer mir war oder sein könnte. […] Ich glaube nicht, dass jemand sich eine exklusivere Liebe vorstellen könnte, zärtlicher, oder reiner, als ich sie für Dich habe. Ich glaube, sie ist unsterblich, das ist etwas Seltenes. Es gibt nicht viele Leute, die so einen Brief nach 16 Ehejahren schreiben …

MEINST DU NICHT, DASS ICH FÜR DICH GEMACHT WURDE?

Zelda Sayre
an F. Scott Fitzgerald

Montgomery, Alabama
März 1919

Liebster –
bitte, bitte, sei nicht so niedergeschlagen – Bald sind wir verheiratet, und dann ist für immer Schluß mit diesen einsamen Nächten – und bis es soweit ist, liebe ich, liebe ich jede winzige Minute Tag und Nacht – Vielleicht wirst Du das nicht verstehen, aber manchmal, wenn ich Dich am meisten vermisse, ist es am schwierigsten zu schreiben – und Du weißt immer, wenn ich mich bemühe – Einfach wie weh das alles tut –, und kann es Dir nicht sagen. Wenn wir zusammen wären, würdest

Du spüren, wie stark es ist – Du bist so süß, wenn Du melancholisch bist. Ich liebe Deine traurige Zärtlichkeit – wenn ich Dich verletzt habe – Das ist einer der Gründe, warum mir unsere Streitereien nie leid tun konnten – und Dich haben sie so mitgenommen – Diese lieben, lieben Kräche, wenn ich dann immer alles versucht habe, damit Du mich wieder küßt und vergißt – Scott – ich will nichts auf der ganzen Welt außer Dich – und Deine kostbare Liebe. Alle materiellen Dinge sind nichts. Ich würde es einfach nur verabscheuen, ein knauseriges, farbloses Leben zu führen – denn dann würdest Du mich bald weniger – und weniger lieben – und ich würde alles tun – alles –, um Dein Herz in meinem Besitz zu behalten – ich möchte nicht leben – ich möchte vor allem lieben und nebenbei leben – Warum spürst Du nicht, daß ich warte – Lover, ich werde zu Dir kommen, wenn Du bereit bist – Du darfst nie – nie an die Dinge denken, die Du mir nicht geben kannst. Du hast mich mit dem teuersten Herzen, das es gibt, beschenkt – und das ist so verdammt viel mehr als alles, was sonst jemand auf der ganzen Welt je besessen hat –

Wie kannst Du überhaupt an ein Leben ohne mich denken – Wenn Du sterben solltest – o Liebling – Scott Liebling –, wäre es wie Blindwerden. Ich weiß, ich würde auch sterben – ich hätte keinen Lebenszweck mehr – wäre nur noch ein hübsches – Zierstück. Meinst Du nicht, daß ich für Dich gemacht wurde? Ich empfinde so, als hättest Du mich in Auftrag gegeben – und ich wäre Dir zugestellt worden – um getragen zu werden. Ich möchte, daß Du mich trägst, wie einen Anhänger an der Uhrkette oder eine Knopflochblume – für die Welt. Und dann, wenn wir allein sind, möchte ich Dir helfen – wissen, daß Du *nichts* ohne mich tun kannst.

Heute ist Dienstag, und der Ring ist nicht gekommen – ich möchte ihn tragen, damit die Leute sehen können –

Von ganzem Herzen –
Ich liebe Dich
Zelda

ISBN 978-3-85179-466-3

© 2021 by Thiele & Brandstätter Verlag GmbH, Wien

Herausgegeben von Johannes Thiele
Gestaltet und gesetzt von Christina Krutz
Gedruckt von GGP Media GmbH, Pößneck
Umschlagbild von Gabriele Münter, © VG Bild-Kunst

www.thiele-verlag.com